••• Títulos relacionados

ADGD0208 GESTIÓN INTEGRADA DE RECURSOS HUMANOS

[DISPONIBLE CERTIFICADO COMPLETO]

Solicítalos en
- Librería
- www.paraninfo.es
- Solicitudes nacionales +34 914 463 350
- Solicitudes fuera de España +34 913 308 907
  +34 913 308 919

Contratación laboral

María Jesús Fernández Hernández
Gema Campiña Domínguez

© 2024 Ediciones Paraninfo, S. A.
© 2024 María Jesús Fernández Hernández y Gema Campiña Domínguez

Edición y maquetación: Ediciones Nobel, S. A.

Impresión: Liberdigital (Casarrubuelos, Madrid)
ISBN: 978-84-283-6917-6
Depósito legal: M-18007-2024

Impreso en España

Autoras

María Jesús Fernández y **Gema Campiña** desempeñan su actividad docente en distintos ciclos formativos, tanto de grado medio como de grado superior, en enseñanzas de Formación Profesional dentro del ámbito de la Administración y Gestión.

Como funcionarias de carrera, su experiencia comienza en 2004, año desde el que vienen ejerciendo su actividad en diferentes institutos públicos del Principado de Asturias y de la Comunidad de Madrid como profesoras técnicas de Formación Profesional, dentro de la especialidad de Procesos de Gestión Administrativa.

También han sido tutoras del módulo profesional de Formación en Centros de Trabajo, con lo que han sido el nexo de unión entre las empresas y los alumnos; como autoras, tienen experiencia en la publicación de libros para ciclos y certificados de profesionalidad.

María Jesús Fernández es licenciada en Derecho por la Universidad de Oviedo y, a lo largo de su trayectoria profesional, ha formado parte de las comisiones encargadas de la implantación del título de Técnico en Gestión Administrativa (Ley Orgánica de Educación).

Gema Campiña es licenciada en Derecho por la Universidad de Jaén.

Para ti, Fabiola. Todavía no puedes entender este libro, aunque ya sabes leer. Pero sabes transmitir el entusiasmo necesario para escribirlo.

Mamá y Gema

Índice

4. Mantenimiento, control y actualización del fichero de personal

Introducción normativa

La Ley Orgánica 3/2022, de 31 de marzo, de ordenación e integración de la Formación Profesional, contiene una disposición derogatoria única que afecta a la regulación de los certificados de profesionalidad, ahora denominados **Certificados Profesionales.** La referida normativa deroga la Ley Orgánica 5/2002, de 19 de junio, de las Cualificaciones y de la Formación Profesional, y abre un escenario de cambios que se irán implementando progresivamente.

La Ley Orgánica 3/2022, de 31 de marzo, de ordenación e integración de la Formación Profesional implica que toda la formación es acumulable. La oferta formativa se estructura de forma escalonada, siendo los Certificados Profesionales un nivel intermedio (Grado C) de una escala que va desde el Grado A hasta el E.

En los artículos 35 a 38 de la Ley 3/2022 se describe en qué consisten estos Certificados Profesionales: su oferta, formación asociada, estructura, duración, acceso, titulación y validez. Posteriormente, esta normativa se completa con lo dispuesto en el Real Decreto 659/2023, de 18 de julio, que desarrolla la ordenación del sistema de Formación Profesional. Concretamente en los artículos 67 a 81 es donde se hace referencia a la oferta formativa de Grado C, correspondiente a los Certificados Profesionales.

Están agrupados en 26 familias profesionales con características comunes del sector. En la actualidad hay más de medio millar de Certificados Profesionales incluidos en el Repertorio Nacional. Esta cifra no deja de crecer. Además, cada certificado está específicamente regulado por un real decreto.

Un Certificado Profesional corresponde al Grado C de la oferta del Sistema de Formación Profesional. Es un documento oficial, con validez en todo el territorio nacional y debe constar en el Catálogo Nacional de Ofertas de Formación Profesional, que certifica la capacitación para el desarrollo de una actividad profesional.

Debe detallar los módulos profesionales superados y los estándares de competencia profesional asociados a él e incluidos en el **Catálogo Nacional de Estándares de Competencias Profesionales**, así como su correspondencia con el Marco Español de Cualificaciones.

Despliegan su validez en un doble ámbito, laboral y académico:

- En el contexto laboral tienen validez profesional, porque acreditan las competencias en una determinada profesión. Para poder trabajar en algunas profesiones, se exigen determinadas cualificaciones, y los certificados sirven para acreditarlas.

- Asimismo, tienen validez académica, puesto que permiten continuar un itinerario formativo siempre que se cumplan los requisitos de acceso para cursar la titulación deseada. De tal modo que, los Certificados Profesionales que sean parte de un Grado D permitirán la matrícula modular para completar los módulos establecidos en el currículo y obtener el correspondiente título de técnico básico, técnico o técnico superior con validez en todo el territorio nacional.

Para obtener un Certificado Profesional (Grado C) es preciso cumplir con los requisitos de acceso para realizar la formación.

Estructura de los Certificados Profesionales

I. Identificación: denominación, familia y área profesional a la que pertenecen; nivel de cualificación profesional (1, 2 o 3); cualificación profesional de referencia; entorno profesional y módulos formativos que esté previsto cursar junto con la duración de cada uno de ellos.

II. Perfil profesional: incluye las competencias profesionales requeridas en el mercado laboral. En todas ellas se concretan las realizaciones profesionales y los criterios de realización.

III. Formación: describe los módulos formativos que esté previsto cursar para adquirir las competencias requeridas. En cada uno de ellos se indican las capacidades que se pretende alcanzar y la duración del módulo de prácticas no laborales —PNL—, para el que cabe solicitar exención si se cumplen determinados requisitos.

IV. Prescripciones de las personas formadoras.

V. Requisitos mínimos de espacios, instalaciones y equipamiento.

Los Certificados Profesionales se identifican con una denominación concreta y un código alfanumérico propio, y sirven para acreditar una determinada cualificación profesional. Cada certificado está asociado a una relación de unidades de competencia que, a su vez, se vinculan con una serie de módulos formativos específicos. Algunos módulos están integrados por unidades formativas y tanto unos como otras son, en ocasiones, transversales, lo que significa que se trata de contenidos incluidos en más de un Certificado Profesional.

Los Certificados Profesionales se articulan en tres niveles de competencia profesional (1, 2 y 3) conforme a lo dispuesto en el que será el Catálogo Nacional de Estándares de Competencias Profesionales, anteriormente Catálogo Nacional de Cualificaciones Profesionales (CNCP), según los criterios establecidos de conocimientos, iniciativa, autonomía y complejidad de las tareas, en cada una de las ofertas de Formación Profesional.

La oferta formativa dirigida a la obtención de los Certificados Profesionales tiene carácter modular para favorecer la acreditación parcial acumulable de la formación recibida y posibilitar así el avance en el itinerario de Formación Profesional para cualquiera que sea la situación laboral de cada persona en cada momento.

En definitiva, el Grado C constituye la oferta, parcial y acumulable, del sistema de Formación Profesional, de varios módulos profesionales del catálogo modular de Formación Profesional por razón de su significado en el mercado laboral y conducente a la obtención de un Certificado Profesional.

Las ofertas de Grado C de Formación Profesional tendrán por objeto módulos profesionales incluidos previamente en el catálogo modular de formación profesional y asociados al Catálogo Nacional de Estándares de Competencias Profesionales.

Finalidad de los Certificados Profesionales

• Contribuir a la ordenación de un Sistema de Formación Profesional al servicio de un régimen de formación y acompañamiento profesionales que sea capaz de responder con flexibilidad a los intereses, expectativas y aspiraciones de cualificación profesional de las personas a lo largo de su vida.

• Combinar escuela y empresa situando a la persona en el centro del sistema.

• Facilitar el aprendizaje permanente de toda la ciudadanía mediante una formación abierta, flexible y accesible, estructurada de forma modular, a través de la oferta formativa asociada al certificado.

• Acreditar las cualificaciones profesionales o las unidades de competencia recogidas en estas, independientemente de su vía de adquisición, bien sea través de la vía formativa, o mediante la experiencia laboral o vías no formales de formación.

• Favorecer, tanto a nivel nacional como europeo, la transparencia del mercado de trabajo.

• Contribuir a la calidad de la oferta de Formación Profesional.

Este libro

El presente libro desarrolla la Unidad Formativa denominada *Contratación laboral*, UF0341.

Dicha unidad formativa está asociada a la Unidad de Competencia UC0233_2, forma parte del Módulo Formativo MF0237_3: *Gestión administrativa de las relaciones laborales*, perteneciente a la Cualificación Profesional de referencia ADG084_3, de nivel 3, incluida en el Certificado de Profesionalidad denominado *Gestión integrada de recursos humanos* dentro de la familia profesional Administración y Gestión.

Según el Real Decreto 1210/2009, de 17 de julio, modificado por el Real Decreto 645/2011, de 9 de mayo, los contenidos que en esta obra se recogen se corresponden con una duración de 60 horas.

Tanto la estructura como el desarrollo del libro se ajustan al citado Real Decreto y, más concretamente, a los contenidos de la Unidad Formativa que le da título: *Contratación laboral.*

Contenidos

1. **Legislación básica de aplicación en la relación laboral.**
   - El derecho laboral y sus fuentes.
     — Las disposiciones legales y reglamentarias del Estado.
     — Los convenios colectivos.
     — La voluntad de las partes.
     — Los usos y costumbres locales y profesionales.
     — Los principios generales del derecho laboral.
   - La Constitución española.
     — Derecho de participación en la vida política, económica, cultural y social y garantías del principio de legalidad.
     — El derecho al trabajo.
     — Ejercicio de profesiones tituladas y régimen de colegios profesionales.
     — La libertad de empresa y protección de su ejercicio.
     — La garantía de asistencia y prestaciones en situaciones de necesidad.
     — Sometimiento pleno de las administraciones públicas a las leyes y al derecho.

- El Estatuto de los Trabajadores.
  - De la relación individual del trabajo.
  - De los derechos y deberes de las partes.
  - De la representación colectiva y de los convenios colectivos.
  - De la negociación colectiva.
- Ley Orgánica de Libertad Sindical.
  - Acción sindical.
  - Régimen jurídico.
  - Representación sindical.
- Ley General de la Seguridad Social.
  - Campo de aplicación.
  - Régimen General y Regímenes Especiales.
  - Entidades gestoras y servicios comunes.
- Inscripción de las empresas en la Seguridad Social.
  - Obligaciones de las empresas.
  - Tramitación, documentación y plazos.
  - Irrenunciabilidad de los derechos de la Seguridad Social.
- Ley de Prevención de Riesgos Laborales.
  - Objeto y carácter de la norma.
  - Ámbito de aplicación.
  - La actuación de las administraciones públicas en materia de salud laboral.
- La negociación colectiva.
  - Conceptos y clases de convenios.
  - Contenido de los convenios.

2. **Contratación de recursos humanos**
- Organismos y órganos que intervienen en relación con el contrato de trabajo.
  - En materia de contratación laboral.
  - En materia de Seguridad Social.
  - En materia de seguridad y salud laboral.
  - Documentación y trámites previos al inicio de la relación laboral.

- El contrato de trabajo.
  - Concepto y clases.
  - Modalidades de contratación laboral y requisitos.
  - Subvenciones, exenciones y/o reducciones en la contratación laboral.
- Obligaciones con la Seguridad Social, derivadas del contrato de trabajo.
  - Sujetos obligados.
  - Afiliaciones, altas, bajas y variaciones de los trabajadores.
  - Tramitación, documentación y plazos.
3. **Modificación, suspensión y extinción de las condiciones de trabajo.**
   - Modificación de las condiciones de trabajo.
     - Movilidad funcional.
     - Movilidad geográfica.
     - Modificación sustancial de las condiciones de trabajo.
   - Suspensión del contrato de trabajo.
     - Mutuo acuerdo de las partes y causas consignadas válidamente en el contrato.
     - Incapacidad temporal.
     - Maternidad, paternidad, adopción o acogimiento.
     - Riesgo durante el embarazo y la lactancia.
     - Ejercicio de cargo público representativo.
     - Privación de libertad del trabajador, mientras no exista sentencia condenatoria.
     - Suspensión de empleo y sueldo por razones disciplinarias.
     - Fuerza mayor temporal.
     - Causas económicas, técnicas, organizativas o de producción.
     - Excedencias.
     - Ejercicio del derecho de huelga o cierre legal de la empresa.
   - Extinción del contrato de trabajo.
     - Mutuo acuerdo entre las partes.
     - Causas consignadas en el contrato de trabajo.

- Expiración del tiempo convenido para la realización de una obra o servicio.

- Voluntad del trabajador: dimisión o resolución de contrato.

- Situaciones que afectan al trabajador: muerte, incapacidad permanente y jubilación.

- Situaciones que afectan al empresario: muerte, incapacidad permanente y jubilación.

- Causas objetivas: ineptitud, falta de adaptación, amortización de puestos de trabajo, otros.

- Formas y efectos de la extinción por causas objetivas.

- Despido colectivo basado en causas económicas, técnicas, organizativas o de producción o fuerza mayor.

- Indemnizaciones en función del tipo de extinción del contrato practicado.

  - Despido disciplinario: forma y efectos.

- Actuaciones ante la jurisdicción social en los distintos supuestos de sanción, modificación y extinción del contrato.

  - Acto de conciliación.

  - Demanda ante el juzgado de lo social.

  - Sentencias.

  - Recursos.

4. **Mantenimiento, control y actualización del fichero de personal.**

- La información al empleado.

  - Obligaciones del trabajador en la comunicación de variaciones de datos.

  - Normas internas de control de presencia.

- El expediente del trabajador.

  - Datos identificativos del empleado.

  - Contratos y modificaciones.

  - Documentación fiscal.

  - *Curriculum vitae.*

  - Historial formativo y titulaciones.

  - Informes de evaluación del desempeño.

- — Incidencias.
- — Otros.
- Las comunicaciones en la gestión administrativa del personal.
  - — Con el interesado.
  - — Con las áreas implicadas en la administración de recursos humanos.
  - — Con los representantes de los trabajadores.
  - — Con la Seguridad Social.
  - — Con la jurisdicción social.
  - — Otras comunicaciones.
- Procedimientos de seguridad y control de asistencia.
  - — Con el interesado.
  - — Con las áreas implicadas en la administración y gestión de recursos humanos, en cumplimiento con la legalidad vigente.

Nota del editor

En Ediciones Paraninfo estamos comprometidos con la calidad de la formación e intentamos que nuestros materiales, respondan fielmente y con rigor a las necesidades de todos cuantos confían en nuestro sello editorial.

Tratamos de dar respuesta a los currículos de las unidades formativas y de los módulos que integran los distintos Certificados Profesionales, equilibrando la parte teórica con la práctica para que los procesos de aprendizaje se conviertan en experiencias gratificantes tanto para docentes como para las personas inmersas en los procesos formativos.

Contribuir de forma decisiva a afianzar aprendizajes, ayudar a adquirir destrezas que tengan significado para el empleo y conseguir potenciar el desarrollo personal es nuestra mayor satisfacción como editores.

Para lograrlo contamos con excelentes autores, expertos en las materias que abordan, en la mayoría de los casos docentes de dichas especialidades con dilatada experiencia profesional y académica, porque buscamos perfiles familiarizados con los contextos laborales concretos a los que se refieren nuestros manuales.

Confiamos en poder serte de ayuda y esperamos tus impresiones acerca de nuestro trabajo. Sean positivas o negativas, serán muy bien recibidas y, sin duda, nos ayudarán a seguir mejorando y trabajando con ilusión para continuar siendo un referente en formación para el empleo.

Agradecemos tu confianza en nuestros manuales. Todo nuestro equipo queda a tu total disposición. Puedes contactar con nosotros en esta dirección de correo electrónico: info@paraninfo.es.

1. Legislación básica de aplicación en derecho laboral

Contenido

En este epígrafe vamos a analizar la normativa que se aplica en el ámbito del derecho laboral, puesto que el derecho se divide en ramas o facetas, cada una de ellas con un ámbito de aplicación.

Así, por ejemplo, no es lo mismo un divorcio o una herencia, que pertenecen al derecho civil, que la comisión de un delito, la cual será observada en derecho penal. Del mismo modo, el derecho laboral será la rama de aplicación en todo lo concerniente a los derechos y deberes de los trabajadores y a sus relaciones laborales en la empresa (desde la contratación, retribución, sanciones, despidos, prevención de riesgos laborales, etc.).

1.1. El derecho laboral y sus fuentes

Una vez delimitado el campo de acción del derecho laboral, vamos a explicar cuáles son las fuentes del mismo, es decir, de dónde proviene o dónde lo encontramos.

Esta rama del derecho es peculiar en lo que respecta a las fuentes, puesto que, junto a las generales del derecho global (ley, costumbre y principios generales del derecho), añade una más, que son los convenios colectivos.

1.1.1. Las disposiciones legales y reglamentarias del Estado

En primer lugar, vamos a explicar muy brevemente la diferencia entre disposición legal y disposición reglamentaria.

La elaboración de las leyes y de las disposiciones legales se realiza en las Cortes Generales, de manera que en su elaboración participan todos los grupos parlamentarios, mientras que en la elaboración de un reglamento solo participan el Consejo de Ministros, esto es, el Presidente del Gobierno y sus ministros.

Evidentemente, ofrecería mayor garantía para los ciudadanos que todo se regulase por ley, pero no sería operativo, ya que la elaboración de la ley se demora mucho más en el tiempo.

Hecha esta pequeña aclaración, vamos a desarrollar las normas más importantes existentes en derecho laboral:

- Texto refundido del Estatuto de los Trabajadores.

- Ley Orgánica de Libertad Sindical.

- Ley de Infracciones y Sanciones en el Orden Social.

- Ley de Prevención de Riesgos Laborales.

- Ley de Igualdad.

- Ley de Empleo.

- Ley de Formación para el Empleo.

- Normativa reglamentaria del ministerio con competencias en materia laboral.

Texto Refundido del Estatuto de los Trabajadores

Actualmente, el *Real Decreto-ley 32/2021, de 28 de diciembre, de medidas urgentes para la reforma laboral, la garantía de la estabilidad en el empleo y la transformación del mercado de trabajo* ha realizado una nueva versión del Real Decreto Legislativo 2/2015, de 23 de octubre, por el que se aprueba el texto refundido de la Ley del Estatuto de los Trabajadores, en adelante TRLET, modificando su articulado y otras normas que regulan el Orden Social y la Seguridad Social.

Finalidad de la norma:

Según se declara en su introducción, el texto pretende, en cumplimiento de la autorización otorgada al Gobierno por la **Ley 20/2014, de 29 de octubre, por la que se delega en el Gobierno la potestad de dictar diversos textos refundidos,** aprobar un texto refundido en el que se integren, debidamente regularizadas, aclaradas y armonizadas: el de la Ley del Estatuto de los Trabajadores, aprobado mediante el Real Decreto Legislativo 1/1995, de 24 de marzo; y todas las disposiciones legales relacionadas que se enumeran en el artículo 1.d) de la citada ley, así como las normas con rango de ley que las hubieren modificado.

Comúnmente conocido como Estatuto de los Trabajadores, regula todo lo concerniente a los derechos y deberes de trabajadores y empresarios en el ámbito laboral, así como los diversos tipos de contrato.

En él se regulan aspectos tales como la retribución, la jornada, los descansos, las vacaciones, el derecho de reunión, las formas de representación de los trabajadores, etc.

Como el propio artículo 1 del Estatuto de los Trabajadores establece, será de aplicación a quienes presten servicios retribuidos por cuenta ajena, y dentro del ámbito de organización de una tercera persona, denominada *empleador* o *empresario*.

Ley Orgánica de Libertad Sindical (LOLS)

En este caso, debemos hacer una matización, ya que nos encontramos ante un tipo de ley especial, más importante o reforzada que las leyes ordinarias: la

Ley Orgánica. Para aprobar este tipo de ley se necesita mayoría absoluta del Congreso, mientras que para el resto de leyes basta con mayoría simple. Se utiliza este formato de ley cuando la materia a tratar goza de suma importancia, como es el caso de los derechos fundamentales, etc.

La Ley Orgánica de Libertad Sindical regula todo lo concerniente a la sindicación de los trabajadores, y se encuentra dividida en cinco títulos que desarrollan los siguientes contenidos:

Título I: De la libertad sindical.

Título II: Del régimen jurídico sindical.

Título III: De la representatividad sindical.

Título IV: De la acción sindical.

Título V: De la tutela de la libertad sindical y represión de las conductas antisindicales.

Ley de Infracciones y Sanciones en el Orden Social (LISOS)

Aprobada por Decreto Legislativo 5/2000, de 4 de agosto, regula todo lo referente a las infracciones que puedan ser cometidas en el ámbito laboral, así como sus correspondientes sanciones.

Clasifica las infracciones que se pueden cometer en tres niveles: leves, graves y muy graves.

Vamos a citar como ejemplo algunas infracciones recogidas en el propio texto normativo:

- Se considerará infracción leve, según el artículo 6, no exponer el calendario laboral en un sitio visible.

- Se considerará infracción grave, según el artículo 7, no consignar en el recibo de salarios las cantidades realmente abonadas al trabajador.

- Se considerará infracción muy grave, según el artículo 8, los actos del empresario contrarios a la intimidad y dignidad del trabajador.

Ley de Prevención de Riesgos Laborales (LPRL)

La LPRL del año 1995, pero modificada en posteriores ocasiones, regula las materias concernientes a la prevención de riesgos en el ámbito del trabajo, los equipos, las protecciones, así como las conductas que pueden ser sancionables en el caso de que no se cumplan las indicaciones de prevención.

¿Qué consideramos prevención? La prevención de riesgos laborales consiste en un conjunto de actividades que se realizan en la empresa con la finalidad de descubrir anticipadamente los riesgos que se producen en cualquier trabajo.

De esta forma, se permite que se pueda planificar y adoptar una serie de medidas preventivas que evitarán que se produzca un accidente laboral.

Ley de Igualdad

Teniendo en cuenta que los hombres y mujeres son iguales ante la ley, y que dicho principio viene establecido en el artículo 14 de la Constitución, esta disposición, aprobada el 22 de marzo del 2007, tiene por objeto hacer efectivo el derecho de igualdad de trato y de oportunidades entre mujeres y hombres, en particular mediante la eliminación de la discriminación de la mujer, sea cual fuere su circunstancia o condición, en cualesquiera de los ámbitos de la vida y, singularmente, en las esferas política, civil, laboral, económica, social y cultural para, en el desarrollo de los artículos 9.2 y 14 de la Constitución, alcanzar una sociedad más democrática, más justa y más solidaria.

> A estos efectos, la Ley establece principios de actuación de los Poderes Públicos, regula derechos y deberes de las personas físicas y jurídicas, tanto públicas como privadas, y prevé medidas destinadas a eliminar y corregir en los sectores público y privado, toda forma de discriminación por razón de sexo.

Así, establece medidas del fomento de la igualdad salarial, del establecimiento y la creación de políticas públicas de ayuda a la igualdad, promueve la conciliación familiar, etc.

Real Decreto 902/2020, de 13 de octubre, de igualdad retributiva, en función del cual se obliga a las empresas a llevar un registro retributivo de toda la plantilla.

Por otra parte, el Real Decreto-ley 6/2019 establece la obligación de crear planes de igualdad en todas las empresas, indicando unos plazos para ello, y así tenemos:

- Un año para las empresas que cuenten con mas de 150 trabajadores y hasta 250.
- Dos años para aquellas de 100 a 150 trabajadores.
- Tres años para las empresas con un número de trabajadores comprendido entre 50 y 100.

Sobre la base también de este Real Decreto , se amplía el tiempo de disfrute del padre u otro progenitor en el caso de nacimiento de hijo a 16 semanas.

Ley 3/2023, de 28 de febrero, de Empleo

Este texto refundido mantiene, en la Ley de Empleo, las políticas activas de empleo como verdaderas herramientas de activación frente al desempleo, y el Sistema Nacional de Empleo, como un conjunto de estructuras, medidas y acciones necesarias para promover y desarrollar la política de empleo. Tiene como objetivo aclarar y armonizar la norma y dotarla de una estructura más ordenada.

Ley 30/2015, de 9 de septiembre, por la que se regula el Sistema de Formación Profesional para el empleo en el ámbito laboral

El **Sistema de Formación Profesional para el empleo** persigue los siguientes objetivos:

- Favorecer la creación de empleo estable y de calidad.
- Contribuir a la competitividad empresarial.
- Garantizar el derecho a la formación laboral, especialmente de los más vulnerables.
- Ofrecer garantía de empleabilidad y promoción profesional a los trabajadores.
- Consolidar en el sistema productivo una cultura de formación y de aprendizaje permanente.

Normativa reglamentaria del ministerio con competencias en materia laboral y/o en Seguridad Social

Podemos citar, entre otros muchos, el Reglamento de Prevención de Riesgos Laborales que desarrolla la Ley de Prevención de Riesgos Laborales, de 17 de enero de 1997.

Es una norma que detalla cómo se lleva a cabo de una forma práctica la prevención de riesgos laborales en la empresa. Así, en su artículo 1 establece la necesidad de crear un plan de prevención, ya que indica que:

> «La prevención de riesgos laborales, como actuación a desarrollar
> en el seno de la empresa, deberá integrarse en su sistema general

de gestión, comprendiendo tanto al conjunto de las actividades como a todos sus niveles jerárquicos, a través de la implantación y aplicación de un plan de prevención de riesgos laborales».

Hay que mencionar la nueva Reforma Laboral aprobada por Real Decreto Ley 32/2021, de 28 de diciembre, que modifica la anterior reforma laboral de 2012 y reduce sus aspectos más lesivos.

Como puntos más importantes cabe destacar la desaparición del contrato de obra y servicio, los nuevos contratos formativos, se potencia el contrato fijo discontinuo, y aparecen novedades en materia de convenios colectivos, que serán analizadas en el epígrafe correspondiente.

Como últimas novedades tenemos que mencionar la Ley de empleo, de 1 de marzo de 2023, que recopila un conjunto de medidas que aúnan el marco financiero plurianual (MFP) para 2021-2027 reforzado y la puesta en marcha de un Instrumento Europeo de Recuperación («Next Generation EU»), cuyo elemento central es el Mecanismo de Recuperación y Resiliencia. La instrumentación de la ejecución de los recursos financieros del Fondo Europeo de Recuperación se realizará a través del Plan de Recuperación, Transformación y Resiliencia. Los proyectos que constituyen dicho Plan permitirán la realización de reformas estructurales los próximos años, mediante cambios normativos e inversiones, y, por lo tanto, permitirán un cambio del modelo productivo para la recuperación de la economía tras la pandemia causada por la COVID-19, y además una transformación hacia una estructura más resiliente que permita que nuestro modelo sepa enfrentar con éxito otras posibles crisis o desafíos en el futuro, como así lo expresa la propia Exposición de motivos de la ley.

1.1.2. Los convenios colectivos

La definición legal de convenio colectivo describe esta figura como un acuerdo suscrito por los representantes de los trabajadores y empresarios para fijar las condiciones de trabajo y productividad, con sujeción a lo previsto en el Título III del Estatuto de los Trabajadores. Igualmente, podrá regular la paz laboral a través de las obligaciones que se pacten.

Expresándolo de una forma más coloquial, podríamos decir que es un acuerdo, un pacto entre empresarios y trabajadores para regular las condiciones laborales.

Por parte de los trabajadores, realizarán la negociación sus representantes en la empresa, bien los representantes unitarios (comité de empresa y delegado de personal), bien sus representantes sindicales; mientras que por parte del empresario, puede ser él mismo el que lleve a cabo la negociación o bien actuar a través de las asociaciones de empresarios.

En el contenido del convenio colectivo estarán incluidas todas las cláusulas que las partes decidan y afecten a sus condiciones laborales, tales como salario, jornada, tiempo de permiso, retribución de horas extras, etc. Eso sí, siempre teniendo en cuenta que la ley actúa como límite a esa libertad de pacto, es decir, por mucho que las partes lleguen a un acuerdo, no se puede pactar una norma de contenido inferior al estatuto de los trabajadores. Por ejemplo, si el estatuto de los trabajadores establece un descanso de 15 minutos en medio de la jornada, no se puede por convenio colectivo pactar 10, sí 20, pero no 10.

Una vez realizado, el convenio obliga a todos los empresarios y trabajadores incluidos dentro de su ámbito de aplicación y durante todo el tiempo de su vigencia.

En el Epígrafe 1.8 analizaremos más detalladamente los convenios colectivos.

1.1.3. La voluntad de las partes

Podríamos definir la voluntad de las partes como la posibilidad de que estas, de forma voluntaria, lleguen a acuerdos, e incluso a acuerdos vinculantes. En otras palabras, vamos a desarrollar las posibilidades que tienen las partes, entendiendo por tales al empresario y los trabajadores, para definir sus condiciones laborales.

Esta autonomía de la voluntad no es ilimitada, y menos aún en el derecho laboral, que tiene un carácter eminentemente protector, motivo por el cual establece límites a esa libertad para pactar.

Una de las expresiones de esa autonomía es, como ya hemos visto anteriormente, la realización de un convenio colectivo. En este caso, las partes se encuentran con la limitación establecida por la normativa legal. Nunca podemos incluir en un convenio algo que esté prohibido o que empeore una condición establecida en la ley.

Por ejemplo, el TRLET establece un periodo de vacaciones de 30 días y, por tanto, será nula toda cláusula del convenio que establezca una duración inferior.

Por otra parte, otra expresión de la autonomía de la voluntad es la realización del contrato, de forma individual, entre empresario y trabajador. Pues bien, encontramos aquí también no solo el límite de la ley, sino uno más: el del propio convenio colectivo, de manera que en un contrato individual no podrá aparecer ninguna cláusula que contradiga o empeore lo pactado en el convenio.

1.1.4. Los usos y costumbres locales y profesionales

La costumbre es una fuente más del derecho en el ordenamiento laboral. El TRLET en su artículo 3.d indica literalmente que: "los usos y costumbres solo se aplicarán en defecto de disposiciones legales, convencionales o contractuales, a no ser que cuenten con una recepción o remisión expresa.

En este sentido, en el listado de fuentes del mismo artículo, los usos y costumbres aparecen en último lugar, después de las disposiciones legales y reglamentarias del Estado, los convenios colectivos y los contratos de trabajo.

La costumbre laboral puede ser definida como aquel acto realizado de forma repetida y constante por los sujetos del derecho del trabajo, con la convicción de su obligatoriedad. No obstante, para exigir su aplicación, tiene que demostrarse que la costumbre es lícita, local y profesional.

Requisitos de la costumbre laboral

- **Local**. Es decir, un mismo acto puede ser válido en una localidad, pero no en otra: no puede ser invocada judicialmente en Albacete una conducta llevada a cabo repetidamente en Huesca.

- **Profesional**. La invocación de esa costumbre será válida para los trabajadores de una cierta profesión.

- **Demostración de su existencia**. El juez no tiene la obligación de conocer su existencia, de modo que hay que demostrar tanto la existencia de la costumbre como que cumple los requisitos exigidos y, obviamente tiene que ser quien alega la costumbre quien se encargue de su prueba.

Es tan importante la costumbre como fuente del derecho en el ámbito laboral que algunos artículos del TRLET la mencionan expresamente, como por ejemplo:

El artículo 29.1: "la liquidación y el pago del salario se harán puntual y documentalmente en la fecha y lugar convenidos o conforme a los usos y costumbres".

El artículo 49.1.d del TRLET, en su mención a la extinción del contrato de trabajo, señala que puede extinguirse por dimisión del trabajador, debiendo mediar el preaviso que señalen los convenios colectivos o la costumbre del lugar.

1.1.5. Los principios generales del derecho laboral

Los principios generales del derecho laboral tienen, por lo general, dos funciones fundamentales:

Función supletoria: cuando la ley deja vacíos o lagunas y no existe jurisprudencia, uso o costumbre aplicable, los principios de derecho del trabajo entran como suplemento.

Función interpretadora: sirven también para interpretar la normativa vigente, cuando esta sea confusa o haya diversas interpretaciones posibles.

Teniendo en cuenta que la función del derecho del trabajo es básicamente tuitiva o protectora, Recordemos que este mismo derecho surgió durante la Revolución Industrial para proteger a la clase trabajadora de las duras condiciones laborales a las que estaba siendo sometida.

Vamos a analizar los principios generales más importantes:

Principio más favorable

Cuando existe concurrencia de normas, debe aplicarse aquella que es más favorable para el trabajador. Si dos normas establecen dos periodos de descanso distintos, se aplicará la que establezca un periodo mayor.

Principio de la condición más beneficiosa

Una nueva norma no puede desmejorar las condiciones que ya tiene un trabajador. De hecho, en algunas ocasiones es frecuente encontrar la situación de que, en una misma empresa, dos grupos de trabajadores tengan condiciones distintas; puede suceder, por ejemplo, que una nueva norma establezca el pago del día festivo de forma menos favorable, pero ya no será de aplicación a los trabajadores «antiguos», mientras que sí se aplicará a «los de nueva incorporación».

Principio *in dubio pro operario*

Expresión latina que expresa el principio jurídico de que, en caso de duda, se favorecerá al trabajador. Entre las posibles interpretaciones que puede tener una norma, se debe seleccionar la que más favorezca al trabajador.

Principio de irrenunciabilidad

El trabajador no puede renunciar a sus derechos; por ejemplo, un trabajador no puede renunciar a las vacaciones. Ese pacto sería nulo de pleno derecho.

Principio de continuidad laboral

Se trata de darle al contrato de trabajo la máxima duración posible en caso de duda interpretativa, ya que muchas veces el salario es el único sustento del trabajador.

Principio de buena fe

El principio de la buena fe es una presunción: se presume que las relaciones y conductas entre trabajadores y empleadores se efectúan de buena fe. Por el contrario, aquel que considere que la otra parte actuó con mala fe debe demostrarla.

1.2. La Constitución española

La Constitución española es la norma suprema de nuestro ordenamiento jurídico y, como tal, establece las directrices que rigen el desarrollo normativo de nuestro país. En otras palabras, ninguna norma puede contradecir a la Constitución, y es de obligada observancia y cumplimiento a la hora de legislar en todos los ámbitos, tanto en el ámbito civil como en el administrativo y, por supuesto, en el laboral, que es el sector que nos ocupa en este epígrafe.

Nuestra Constitución data de 1978, año en el que fue aprobada, y consta de 169 artículos, que se dividen o estructuran en capítulos a través de los cuales se van desarrollando distintos ámbitos referidos al derecho laboral, que son los que pasamos a desarrollar a continuación.

1.2.1. Derecho de participación en la vida política, económica, cultural y social y garantías del principio de legalidad

La Constitución, ya en su «título preliminar» en el artículo 1, hace referencia a que "España se constituye en un Estado social y democrático de Derecho, que propugna como valores superiores de su ordenamiento jurídico la libertad, la justicia, la igualdad y el pluralismo político".

Por tanto, es una primera manifestación del principio que permite a los españoles participar en la vida social y política, pero hay otros, como es el caso del artículo 23, según el cual los ciudadanos tienen derecho «a participar en los asuntos públicos directamente o por medio de representantes libremente elegidos», articulándose un sistema de democracia política en la gestión de los asuntos públicos.

Pero no es solo este artículo, sino que hay más que regulan y garantizan esa participación; por ejemplo, el artículo 105, en virtud del cual la ley regulará la audiencia (es decir, la garantía de que serán escuchados) de los ciudadanos a través de las organizaciones y asociaciones reconocidas por la ley en el proceso de elaboración de las disposiciones administrativas que les afecten.

También hace referencia este artículo al acceso de los ciudadanos a los archivos y registros administrativos, a no ser, claro está, que se encuentre en peligro la seguridad y la defensa del Estado.

Otra forma de participación es la que se encuentra prevista en el artículo 129 de la norma suprema, según el cual, por una parte, prevé la posibilidad de que se participe en la Seguridad Social y en los organismos públicos cuya función afecte a su calidad de vida o al bienestar general y, por otra parte, hace referencia a la promoción de las distintas formas de participación en la empresa. Esto se traduce en la realidad en la elección de órganos representativos de los trabajadores.

1.2.2. El derecho al trabajo

La Constitución garantiza en su artículo 35 el derecho al trabajo de la siguiente forma:

1. Todos los españoles tienen el deber de trabajar y el derecho al trabajo, a la libre elección de profesión u oficio, a la promoción a través del trabajo y a una remuneración suficiente para satisfacer sus necesidades y las de su familia, sin que en ningún caso pueda hacerse discriminación por razón de sexo.

2. La ley regulará un estatuto de los trabajadores.

De esta forma, vemos cómo la Constitución considera el trabajo como un derecho y a la vez como un deber, también establece que los españoles deben tener libertad de elegir su profesión u oficio y, una vez situados en el puesto de trabajo, debe tener mecanismos que garanticen su promoción.

Por otra parte, el salario recibido por el trabajador debe ser suficiente para satisfacer sus necesidades y las de su familia; de hecho, en España existe un salario mínimo interprofesional, cuya cuantía es aprobada anualmente.

En los puestos de trabajo en ningún caso debe producirse discriminación por razón de sexo, en clara vinculación con el artículo 14 de la Constitución, garante del derecho a la igualdad.

La segunda parte de este artículo 35 establece que será la ley la que regule el Estatuto de los Trabajadores. Esto es lo que se llama "reserva de ley", lo cual significa que no puede ser otra norma inferior (por ejemplo, un reglamento) la que regule el Estatuto de los Trabajadores, sino que tiene que ser la ley, con todas sus garantías, ya que en su elaboración intervienen todos los grupos parlamentarios.

1.2.3. Ejercicio de profesiones tituladas y régimen de colegios profesionales

Siguiendo con la libertad de elección de profesión u oficio establecida en el artículo 35 de la Constitución, el siguiente artículo, el 36, indica que también será la ley la que regule las directrices y el funcionamiento de los colegios profesionales y el ejercicio de las profesiones tituladas.

Hace referencia también a que la estructura interna de dichos colegios deberá ser democrática.

1.2.4. La libertad de empresa y protección de su ejercicio

En la Constitución, en su artículo 38, también se reconoce la libertad de empresa. Puesto que nos encontramos en un sistema de economía de mercado, debe existir y protegerse el derecho a crear empresas y, como tal, los poderes públicos garantizarán su existencia y desarrollo, de tal forma que cualquier ciudadano puede crear una empresa, en cualquiera de sus formas jurídicas de constitución, desde la figura de empresario autónomo hasta cualquier tipo de sociedad.

De forma literal, dicho artículo indica que:

> Se reconoce la libertad de empresa en el marco de la economía de mercado. Los poderes públicos garantizan y protegen su ejercicio y la defensa de la productividad, de acuerdo con las exigencias de la economía general y, en su caso, de la planificación.

1.2.5. La garantía de asistencia y prestaciones en situación de necesidad

En un Estado social y democrático de derecho como en el que nos encontramos, las situaciones de necesidad, desigualdad y desfavorecimiento deben ser contempladas por los poderes públicos y, como tal, la Constitución se hace garante de los derechos.

En este sentido, se orientan los artículos 41 y 43 de la Constitución, ya que ambos van dirigidos a establecer la protección necesaria de los ciudadanos en situaciones de necesidad.

Según el artículo 41, se mantendrá un régimen público de Seguridad Social para todos los ciudadanos que garantice la asistencia y prestaciones sociales suficientes en caso de situaciones de necesidad, especialmente en el caso de desempleo.

Hace referencia también a que el resto de prestaciones, las ya denominadas "complementarias", serán libres; es decir, su existencia no se encuentra garantizada por la Constitución, sino que serán los poderes públicos, a través de sus órganos centrales o autonómicos, los que las establezcan.

Por su parte, el artículo 43 establece como derecho constitucionalmente reconocido el derecho a la salud y, de este modo, "obliga" a los poderes públicos a que organicen todo el entramado de salud pública a través de medidas preventivas y de la administración de prestaciones y servicios necesarios.

Según dicho artículo, será la ley la que establezca los derechos y deberes al respecto. Vemos una vez más cómo aparece lo que se denomina una «reserva de ley»; es decir, una materia que, debido a su importancia, no puede ser regulada por reglamento ni por normas inferiores a la ley.

1.2.6. Sometimiento pleno de las administraciones públicas a las leyes y al Derecho

En nuestro ordenamiento jurídico existe lo que se denomina "principio de separación de poderes", en virtud del cual coexisten tres poderes públicos: legislativo, ejecutivo y judicial, cada uno de ellos con funciones diferenciadas. Así, el legislativo elabora las leyes, el ejecutivo las aplica en su función administradora y el judicial imparte o aplica justicia.

Estos tres poderes deben funcionar con plena independencia y a la vez con sometimiento recíproco. Explicaremos esto con más claridad: el poder ejecutivo debe someterse al dictado de las leyes, no puede actuar al margen de ellas, leyes elaboradas, como hemos mencionado, por otro poder independiente. A su vez, los poderes legislativo y ejecutivo se someten al judicial, de manera que su labor también pueda ser juzgada por los tribunales de justicia si no acatan dicho principio de legalidad.

1.3. El Estatuto de los Trabajadores

La Constitución española de 1978 proclamó, en el artículo 35.1, el derecho al trabajo y, además, en el punto segundo establece que «la Ley regulará un estatuto de los trabajadores».

Esto significa que la Constitución ha establecido lo que se denomina «reserva de ley", es decir, será la ley, y no otra norma de jerarquía inferior, la que regule el Estatuto de los Trabajadores.

Cumpliendo este mandato, se promulga en 1980 el primer Estatuto de la democracia, que continuó vigente hasta 1995 en el que por Real Decreto Legislativo 1/95, de 24 de marzo, se aprueba el Estatuto de los Trabajadores, que fue modificado en sucesivas ocasiones por diversas normas hasta el año 2015, fecha en la que por el Real Decreto Legislativo 2/2015, de 23 de octubre, se aprueba el texto refundido de la Ley del Estatuto de los Trabajadores. Se trataba de una norma que armonizaba todas las reformas que habían afectado al anterior Estatuto.

Es en 2021 cuando se modifica gran parte del articulado del Decreto Legislativo 2/2015, de 23 de octubre, por medio del Real Decreto-ley 32/2021, de 28 de diciembre, de medidas urgentes para la reforma laboral, la garantía de la estabilidad en el empleo y la transformación del mercado de trabajo, dando una nueva redacción al Estatuto de los Trabajadores.

1.3.1. De la relación individual del trabajo

En primer lugar, el TRLET se ocupa de definir lo que se considera relación laboral a sus efectos, es decir, nos describe y nos enumera las situaciones que serán objeto de aplicación de la presente ley y, así, establece literalmente en su artículo 1 que:

> La presente Ley será de aplicación a los trabajadores que voluntariamente presten sus servicios retribuidos por cuenta a ajena y dentro del ámbito de organización y dirección de otra persona, física o jurídica, denominada empleador o empresario.

Es decir, se está refiriendo a trabajadores que «trabajan» para otra persona y no para sí mismos.

Por ejemplo, Juan presta sus servicios como camarero en la Cervecería BIRRAS de 18:00 a 24:00 horas todos los días de la semana.

Posteriormente el TRLET pasa a definirnos lo que entiende por empresario y, de esta manera, establece que:

> «A los efectos de esta Ley, serán empresarios todas las personas, físicas o jurídicas, o comunidades de bienes que reciban la prestación de servicios de las personas referidas en el apartado anterior, así como de las personas contratadas para ser cedidas a empresas usuarias por empresas de trabajo temporal legalmente constituidas».

Imaginemos que Miguel Palacio es el dueño de la Cervecería BIRRAS, y que es quien ha firmado el contrato con Juan y le abona mensualmente el salario. Juan, por tanto, tendrá la categoría de empresario.

Más adelante, el TRLET continúa explicándonos las situaciones que se consideran excluidas de su aplicación, es decir, las que, aunque pudiera parecer que reúnen los requisitos necesarios, la propia norma las excluye, y así enumera:

> Se excluyen del ámbito regulado por la presente Ley:
>
> a) La relación de servicio de los funcionarios públicos, que se regulará por el Estatuto de los trabajadores de la Función Pública, así como la del personal al servicio del Estado, las Corporaciones locales y las Entidades públicas Autónomas, cuando, al amparo de una Ley, dicha relación se regule por normas administrativas o estatutarias.

Ana trabaja como auxiliar administrativo del INEM tras haber aprobado las correspondientes oposiciones hace dos años, por tanto, la normativa aplicable para ella no será el TRLET sino el EBEP (Estatuto Básico del Empleado Público).

> b) Las prestaciones personales obligatorias.

Felipe ha sido sancionado a realizar cinco horas a la semana de trabajos sociales consistentes en labores de mantenimiento de los jardines municipales.

> c) La actividad que se limite, pura y simplemente, al mero desempeño del cargo de consejero o miembro de los órganos de administración en las empresas que revistan la forma jurídica de sociedad y siempre que su actividad en la empresa solo comporte la realización de cometidos inherentes a tal cargo.

Alba González es consejera de CIBERBANK, actividad que lleva a cabo durante dos horas cada día y, de forma extraordinaria, siempre que se convoque el consejo de administración.

> d) Los trabajos realizados a título de amistad, benevolencia o buena vecindad.

Carlos es vecino de Luis Javier y, además de su vecindad, ambos gozan de una buena amistad. Todos los años en la época de recogida de la manzana

Carlos ayuda a Luis Javier en las tareas de recolecta, concepto por el que es obsequiado con varios cestos de manzanas y la celebración de una merienda.

> e) Los trabajos familiares, salvo que se demuestre la condición de asalariados de quienes los llevan a cabo. Se considerarán familiares, a estos efectos, siempre que convivan con el empresario, el cónyuge, los descendientes, ascendientes y demás parientes por consanguinidad o afinidad, hasta el segundo grado.

Darío es hijo de Rosa y Arturo, dueños de la explotación ganadera AGRO-CAMP y, durante los fines de semana, ayuda a sus padres en las tareas de ordeño y envasado, tarea por la cual no recibe ninguna contraprestación.

1.3.2. De los derechos y deberes de las partes

El artículo 4 del TRLET enumera los derechos que tiene todo trabajador y en el artículo 5 se contienen, por otro lado, unos deberes generales para todos los trabajadores.

En cuanto a los derechos, podemos dividirlos en dos categorías:

A) **Derechos básicos o genéricos, establecidos en la Constitución española.**

B) **Derechos del trabajador en una prestación laboral concreta.**

Comencemos con los primeros (A):

1. **Derecho a trabajar y a poder elegir libremente la profesión o el oficio** que se quiera desarrollar, es decir, que no exista ninguna limitación para ello por cualquier tipo de razón y que pueda conllevar cualquier tipo de desigualdad a la hora de acceder a un puesto de trabajo. Por ejemplo, que la mujer pueda realizar trabajos tradicionalmente realizados por los hombres (minería, pesca, etc.).

2. **Derecho a afiliarse a un sindicato y a poder fundar sindicatos** que defiendan los derechos de cualquier colectivo de trabajadores, sin que ello conlleve represalias para el trabajador sindicado. Al ser un derecho, no es obligatorio estar asociado a un sindicato para acceder al trabajo o para obtener la información laboral que proporcionan estas organizaciones.

3. **Derecho a que los representantes legales de los trabajadores negocien con el empresario o sus representantes las condiciones en las que se va**

a desarrollar el trabajo, bien como consecuencia de un conflicto de trabajo colectivo, o bien porque haya dejado de tener vigencia un convenio colectivo, teniendo en cuenta que el nivel mínimo de estas condiciones está contenido en el TRLET. Con esta facultad se limita el poder de organización y dirección del empresario.

4. **Derecho a adoptar medidas para solucionar un conflicto colectivo,** que podríamos decir que es un desacuerdo manifestado externamente entre la empresa y los trabajadores en conjunto. El conocimiento externo significa que ambas partes sepan de este desacuerdo, lo cual diferencia un conflicto colectivo del simple malestar laboral. Las medidas más habituales que se adoptan y sirven para exteriorizar el conflicto son:

    a. Cesar de realizar el trabajo hasta que se llegue a un acuerdo. Si la voluntad de este cese proviene de los trabajadores, hablamos de **huelga;** y si proviene del empresario, hablamos de **cierre patronal.** Sirven para obligarse mutuamente a llegar a un acuerdo de solución del conflicto.

    b. No cesar de realizar el trabajo efectuando medidas de presión, como la ocupación del centro de trabajo.

5. **Derecho a la huelga:** como hemos explicado en el punto anterior, es la medida más extrema que tienen a su disposición los trabajadores para solucionar un conflicto colectivo y poder volver a la normalidad laboral. Ningún trabajador podrá ser despedido ni sancionado por ejercer legalmente este derecho.

    La huelga supone una suspensión temporal del contrato de trabajo, lo que quiere decir que los derechos de las dos partes cesan durante el tiempo que esta se prolongue (para el trabajador, el trabajo, y por parte del empresario, la obligación de la remuneración).

6. **Derecho de reunión** o de organizar asambleas de trabajadores en el ámbito laboral para expresar y/o conocer la voluntad de estos, y para que sean informados de los asuntos que les competen por sus representantes. Este derecho se ejerce en el propio centro de trabajo, por lo que el empresario está obligado a facilitar el lugar para la reunión, sin que esto pueda considerarse ocupación ilegal del centro de trabajo.

7. **Derecho a la información, consulta y participación en la empresa** como modo de gestionar conjuntamente con el empresario ciertos aspectos de la empresa.

Prosigamos con la segunda categoría: B) Derechos del trabajador en una prestación laboral concreta:

1. **Derecho a la ocupación efectiva**: el empresario debe proporcionar el trabajo pactado y no utilizar el no proporcionárselo como medida de presión con el trabajador, para forzar su dimisión y evitar despedirlo.

2. **Derecho a promocionarse en el trabajo y a recibir la formación profesional necesaria para el trabajo que realiza**, bien para adaptarse a los cambios tecnológicos o de cualquier tipo que sufra su puesto de trabajo, bien para participar en planes de formación que le garanticen mayores posibilidades de emplearse.

3. **Derecho a no ser discriminados directa o indirectamente para el empleo,** o una vez empleados, por razones de sexo, estado civil, edad —dentro de los límites marcados por esta ley—, origen racial o étnico, condición social, religión o convicciones, ideas políticas, orientación sexual, afiliación o no a un sindicato, así como por razón de lengua, dentro del Estado español.

   Tampoco podrán ser discriminados por razón de discapacidad, siempre que se hallasen en condiciones de aptitud para desempeñar el trabajo o empleo de que se trate.

4. Derecho a su **integridad física** y a una adecuada política de seguridad e higiene.

5. Derecho al respeto de su **intimidad y a la consideración debida a su dignidad,** comprendida la protección frente al acoso por razón de origen racial o étnico, religión o convicciones, discapacidad, edad u orientación sexual, y frente al acoso sexual y por razón de sexo.

6. Derecho a la **percepción puntual de la remuneración pactada** o legalmente establecida. Es necesario destacar que, desde 2019, el Real Decreto 1462/18, de 21 de diciembre, establece el nuevo salario mínimo interprofesional en 900 euros mensuales y 30 euros diarios, suponiendo un incremento del 22,3 % respecto a la cuantía del año anterior.

7. Derecho al ejercicio individual de las **acciones derivadas de su contrato de trabajo.**

8. Derecho a cuantos otros se deriven específicamente de su contrato de trabajo.

La relación laboral es sinalagmática, esto quiere decir que lo que son derechos para una parte se convierten automáticamente en deberes para la otra, y viceversa. Ello significa que todos los derechos que acabamos de enunciar son deberes que tiene el empresario hacia el trabajador. Por ejemplo, si este tiene derecho a la percepción puntual del salario, es porque el empresario, a su vez, el empresario tiene la obligación de entregárselo.

Pero no solo tiene derechos el trabajador, puesto que en el artículo 5 del TRLET se enumeran una serie de obligaciones, **deberes** que son, lógicamente, los derechos que corresponden al empresario, y son los siguientes:

1. Cumplir con las obligaciones concretas de su puesto de trabajo, de conformidad con las reglas de la **buena fe y diligencia**.

   Aunque los conceptos «buena fe», «diligencia», etc., se prestan siempre a una cierta ambigüedad, parece indicar que el texto legal señala que el trabajador debe desarrollar su prestación de forma honesta y con atención y cuidado.

2. Observar las medidas de **seguridad e higiene** que se adopten.

   Aquí el trabajador adopta también una posición deudora, ya que, aunque la ley le ampara en su derecho a exigir que se cumpla la normativa en prevención de riesgos laborales, también él, por su parte, debe actuar de acuerdo a esa normativa. Por ejemplo, es un caso claro de incumplimiento si el trabajador se niega a ponerse el casco o cualquier tipo de EPI.

3. Cumplir las órdenes e instrucciones del empresario en el ejercicio regular de sus facultades directivas.

   El trabajador tiene aquí un deber de obediencia derivado del poder de dirección y organización del empresario, siempre que en la orden se observe el principio de proporcionalidad y esta no sea abusiva ni contravenga la ley.

4. **No concurrir con la actividad** de la empresa, en los términos fijados en esta ley. Se refiere aquí la norma a que no se produzca una competencia desleal; por ejemplo, que el trabajador no lleve a cabo otra actividad que sea coincidente con la de la empresa y que esto le cause perjuicios a la misma.

5. Contribuir a la **mejora de la productividad**.

6. Cuantos deberes se deriven, en su caso, de los respectivos contratos de trabajo. El contrato de trabajo puede establecer deberes concretos para el trabajador derivados de su propia prestación laboral.

   Se modifica el artículo 9.3, en virtud de la aparición de diversas leyes de igualdad, por el cual: en caso de nulidad por discriminación salarial por razón de sexo, el trabajador tendrá derecho a la retribución correspondiente al trabajo de igual valor.

1.3.3. De la representación colectiva y de los convenios colectivos

Dentro de la relación laboral, las dos partes, empresario y trabajador, ocupan a veces posiciones contrapuestas en lo que se refiere a los intereses de unos y otros y, por otro lado, es obvio que, en una empresa con un elevado número de trabajadores, no todos pueden dirigirse y comunicarse simultáneamente con el empresario.

Se constituye, por tanto, la posibilidad de que haya órganos de representación de los trabajadores, en los que subyacen dos ideas: defender los intereses de los trabajadores y, a la vez, constituirse en interlocutores frente al empresario.

El **artículo 129.2 de la Constitución** establece que los poderes públicos promoverán eficazmente las formas de participación en la empresa y, a su vez, el **artículo 4 del TRLET** considera el derecho de participación como un derecho básico del trabajador.

En función de esto, el artículo 61 y siguientes del TRLET desarrollan todo un sistema de representación laboral, que aquí en nuestro país convive con otro tipo de representación, la sindical, regulada en la LOLS de 1985.

Es decir, existen dos vías de representación de los trabajadores:

- La unitaria.

- La sindical.

La unitaria es obligatoria en todas las empresas, independientemente de la afiliación sindical. Esta representación toma como referencia el centro de trabajo; es decir, se eligen representantes por cada centro de trabajo de la siguiente forma:

- En centros donde hay menos de 10 trabajadores, que exista o no representación es voluntario, queda a criterio de los mismos.

- En centros donde hay 10 o más (hasta 30), se elegirá a un delegado de personal.

- En centros con más de 30 y menos de 50, se elegirán tres delegados de personal.

- En centros con más de 50, se elegirá un comité de empresa (que tendrá un número de miembros variable según el número de trabajadores).

Esta distribución tiene dos excepciones, en empresas que tienen varios centros de trabajo, cada uno de ellos con sus delegados de personal, porque ninguno tiene más de 50 trabajadores pero, en su conjunto, si suman 50, se constituirá lo que se denomina **comité conjunto**, en lugar de los delegados correspondientes; mientras que, en empresas que tienen varios comités de empresa, se constituirá también un **comité intercentros**, que tiene la función de coordinar al resto de comités.

Los representantes lo son de todos los trabajadores de la empresa; por tanto, cualquiera puede postularse como candidato, siempre que tenga 16 años y un mínimo de un mes de antigüedad en la empresa para ejercer el sufragio activo, es decir, para votar y, para poder ser elegido, deberá tener por lo menos 18 años y una antigüedad de seis meses.

Una vez elegidos estos representantes a través de un proceso de votación democrático y regulado exhaustivamente en los artículos 71 y siguientes del TRLET, sus mandatos se extenderán durante cuatro años, en los cuales ejercerán su labor de representación con las siguientes **funciones recogidas en el artículo 64**:

- Informar a los trabajadores trimestralmente, al menos, de la evolución económica de la empresa, celebración de nuevos contratos, sanciones impuestas por faltas muy graves, índices de siniestralidad, etc.

- Emitir informes sobre decisiones empresariales que vayan a afectar a reestructuraciones de plantilla, planes de formación profesional, sistemas de organización y control del trabajo, etc. En estos casos, por tanto, el empresario tiene obligación de solicitar ese informe y los representantes de emitirlo, pero sin que sea en ningún caso vinculante.

- Ejercer un papel de vigilancia y control sobre la actuación del empresario; por ejemplo, deben asistir a los registros sobre la persona o efectos personales del trabajador, requerir al empresario para que adopte medidas de seguridad, etc.

También tienen ciertos **deberes u obligaciones** que tienen que observar:

- El deber de sigilo, es decir, no pueden transmitir información que afecte a la intimidad del trabajador o que se considere como reservada, y es importante destacar que este deber sigue vigente incluso cuando el trabajador haya finalizado su mandato como representante.

Por otra parte, anticipábamos anteriormente que existe otro canal más de representación, en este caso **sindical**, que representa a los trabajadores que dentro de un centro de trabajo estén afiliados a un determinado sindicato.

Esta representación no es obligatoria (la unitaria lo era). Pensemos en el caso de una empresa donde ningún trabajador esté afiliado a ningún sindicato.

No obstante, en las empresas donde sí existe afiliación sindical se da este tipo de representación que se desarrolla a través de la sección sindical.

Pueden existir tantas secciones sindicales como grupos de trabajadores haya afiliados a sindicatos. Por ejemplo, en una empresa puede haber una sección sindical de UGT, otra de CC. OO., otra de USO, etc.

Dentro de estas secciones se encuentra la figura del delegado sindical que sería el interlocutor de la sección.

Vistas las dos diferencias principales entre los dos tipos de representación, recordemos que la unitaria es obligatoria y sus representantes lo son del conjunto de trabajadores de la empresa, y la sindical no lo es, y sus representantes lo son solo de sus afiliados. Cabe decir que las **facilidades y garantías** que se les conceden son las mismas para unos que para otros, ya que todos representan de una u otra forma a los trabajadores.

No es lo mismo facilidades que garantías, ya que las facilidades (como veremos a continuación) son los medios, los instrumentos que se les proporcionan para que puedan llevar a cabo su labor, y las garantías son protecciones que les otorga la ley para que no se vean perjudicados al tener que desarrollar la doble faceta de representante y trabajador.

Facilidades:

- Disponen de un crédito de horas, por supuesto, retribuidas para que puedan desarrollar su labor de representación. Para determinar el número de las mismas existe una escala en función del número de trabajadores de la empresa, de manera que un representante puede llegar a quedar lo que se denomina "liberado" de horas para dedicar toda su jornada a labores de representación.

- También se les debe conceder un local para realizar sus actividades, aunque esto se producirá siempre que las características de la empresa lo permitan, según el artículo 81 del TRLET.

- La empresa pondrá a disposición de los representantes de los trabajadores uno o varios tablones de anuncios para que puedan transmitir la información correspondiente, artículo 81.

Garantías:

Son, como decíamos, los medios de protección del representante para que no sufra ningún perjuicio como trabajador por parte del empresario.

- Apertura de expediente contradictorio, regulado en el artículo 68, lo cual significa que, en caso de que a un representante se le imponga una sanción grave o muy grave, deberán ser «oídos» los demás miembros representantes, mientras que en la imposición a un trabajador «normal» no es necesario este trámite.

- Se prohíbe, también en virtud del artículo 68, el despido durante su mandato y el año siguiente del mismo. Aunque lógicamente es necesario matizar que esta prohibición atañe solo a actuaciones referidas a la representación, no significa que el trabajador se «inmunice» completamente ante cualquier despido si comete una falta relacionada exclusivamente con su trabajo y no con su labor de representante.

- No podrá ser discriminado ni en su promoción económica ni profesional como indica también el apartado c) del artículo 68.

- Por último, goza de prioridad de permanencia en la empresa en caso de suspensión o extinción laboral por causas económicas o tecnológicas, prioridad que también se extiende a los casos de desplazamientos y traslados.

A continuación, vamos a hacer una breve mención a la posibilidad de que los empresarios también constituyan vías de representación a través de **las Federaciones y Confederaciones Empresariales**.

El objetivo de estas asociaciones es la defensa de los intereses empresariales.

Se encuentran reguladas en una norma ya un poco antigua, pero que sigue vigente, la Ley 19/1977, de 1 de abril, sobre regulación del derecho de asociación sindical.

Sus funciones serían:

- La negociación colectiva laboral.

- El planteamiento de conflictos colectivos de trabajo.

- El diálogo social.

- La participación institucional en los organismos públicos de las administraciones laborales para la defensa de los intereses generales de los empresarios.

Existe otra figura denominada **Asociación Profesional de Trabajadores Autónomos** que agrupa a las personas físicas que realicen de forma habitual, personal, directa y por cuenta propia una actividad económica o profesional a título lucrativo, y que tiene por finalidad la defensa de los intereses profesionales de sus asociados, en este caso, referida a los trabajadores autónomos. Estas asociaciones se rigen por la Ley reguladora del derecho de asociación (Ley del 1/2002, de 22 de marzo).

1.3.4. De la negociación colectiva

Este apartado será analizado en profundidad en el epígrafe 1.8, por tanto, aquí nos limitaremos a decir que esta consiste en las pautas de negociación que llevan a cabo los empresarios y los trabajadores a través de sus representantes para crear lo que se denomina convenio colectivo.

1.4. Ley Orgánica de Libertad Sindical. Acción sindical. Régimen jurídico. Representación sindical

Uno de los derechos fundamentales existentes en nuestro ordenamiento jurídico es el de sindicarse libremente y, de ese modo, se encuentra recogido en el artículo 28 de la Constitución (recordemos que se había mencionado anteriormente que los artículos comprendidos entre el 14 y el 29 regulan los derechos fundamentales).

Es por eso que esos derechos, entre los cuales está el de libre sindicación, que ahora nos ocupa, merecen una especial protección, y así su regulación y desarrollo deberá hacerse no por ley ordinaria, sino a través de ley orgánica, un tipo de ley que requiere para su aprobación la mayoría absoluta del Congreso.

Esa ley es la Ley Orgánica de Libertad Sindical, Ley 11/1985, de 2 de agosto, comúnmente conocida como LOLS.

En esta ley se establece el derecho a sindicarse libremente tanto de forma positiva como negativa. ¿Qué significa esto?, pues que un trabajador tiene que sentirse protegido y no puede ser discriminado laboralmente tanto si desea sindicarse como si no.

La ley contiene varios apartados, los cuales iremos desarrollando.

Acción sindical

El título IV de la ley, en su artículo 8 y siguientes, nos indica lo que se considera acción sindical, que son las acciones a las que tiene derecho de una forma concreta el trabajador que se encuentre afiliado a un sindicato.

Así, el artículo 8 establece literalmente que

> los trabajadores afiliados a un sindicato podrán, en el ámbito de la empresa o centro de trabajo:
>
> a) Constituir secciones sindicales de conformidad con lo establecido en los estatutos del sindicato.
>
> b) Celebrar reuniones, previa notificación al empresario, recaudar cuotas y distribuir información sindical, fuera de las horas de trabajo y sin perturbar la actividad normal de la empresa.
>
> c) Recibir la información que le remita su sindicato.

Pablo, Luis y Ana son miembros del sindicato CTIV, afiliados al mismo desde hace diez años. En la empresa convocan y realizan reuniones cuando lo consideran necesario, obviamente siempre después de la jornada laboral, y también aprovechan esas reuniones para recaudar las cuotas de los afiliados que no tienen la cuota sindical domiciliada bancariamente.

Seguidamente, la LOLS establece algunos derechos más para las secciones de sindicatos más representativos, y así:

> Sin perjuicio de lo que se establezca mediante convenio colectivo, las secciones sindicales de los sindicatos más representativos y de los que tengan representación en los comités de empresa y en los órganos de representación que se establezcan en las Administraciones públicas o cuenten con delegados de personal, tendrán los siguientes derechos:
>
> a) Con la finalidad de facilitar la difusión de aquellos avisos que puedan interesar a los afiliados al sindicato y a los trabajadores en general, la empresa pondrá a su disposición un tablón de anuncios que deberá situarse en el centro de trabajo y en el lugar donde se garantice un adecuado acceso al mismo de los trabajadores.

El sindicato CTIV goza de mayor representatividad, así que sus afiliados disponen de un tablón de anuncios donde Luis suele ser el encargado de colocar toda la información que recibe del sindicato, a efectos de que sea conocida por el resto de trabajadores; de esta forma, se ha previsto que el tablón esté situado a la entrada del comedor laboral de forma visible.

> b) A la negociación colectiva, en los términos establecidos en su legislación específica.

Es otro de los derechos y funciones de los sindicatos, negociar los convenios colectivos y, para ello, los afiliados eligen cada cuatro años quién quieren que les represente en la negociación de dicho convenio.

> c) A la utilización de un local adecuado en el que puedan desarrollar sus actividades en aquellas empresas o centros de trabajo con más de 250 trabajadores.

La empresa donde trabajan Luis, Pablo y Ana tiene en plantilla 320 trabajadores, por tanto, dispone de un local para su utilización con fines sindicales.

Régimen jurídico

Los sindicatos, para poder constituirse legalmente, deben observar un cierto *régimen jurídico,* unas normas de constitución que vienen recogidas en el título IV de la ley, y así se establece que «los sindicatos constituidos al amparo de esta Ley, para adquirir la personalidad jurídica y plena capacidad de obrar, deberán depositar, por medio de sus promotores o dirigentes sus estatutos en la oficina pública establecida al efecto».

Las normas estatutarias contendrán al menos:

a) La denominación de la organización que no podrá coincidir ni inducir a confusión con otra legalmente registrada.

b) El domicilio y ámbito territorial y funcional de actuación del sindicato.

c) Los órganos de representación, gobierno y administración y su funcionamiento, así como el régimen de provisión electiva de sus cargos, que habrán de ajustarse a principios democráticos.

d) Los requisitos y procedimientos para la adquisición y pérdida de la condición de afiliados, así como el régimen de modificación de estatutos, de fusión y disolución del sindicato.

e) El régimen económico de la organización que establezca el carácter, procedencia y destino de sus recursos, así como los medios que permitan a los afiliados conocer la situación económica».

Representación sindical

El artículo 6 de la ley establece lo que se considera mayor representatividad a nivel sindical, de esta forma indica que

esa mayor representatividad sindical reconocida a determinados sindicatos les confiere una singular posición jurídica a efectos tanto de participación institucional como de acción sindical.

Tendrán la consideración de sindicatos más representativos a nivel estatal:

Los que acrediten una especial audiencia, expresada en la obtención, en dicho ámbito del 10 por 100 o más del total de delegados de personal de los miembros de los comités de empresa y de los correspondientes órganos de las Administraciones públicas.

1.5. Ley General de la Seguridad Social

Antes de analizar los principales conceptos en relación con el sistema de Seguridad Social, hablaremos brevemente de su regulación jurídica.

La Constitución española de 1978 reconoce en el artículo 41 el derecho de los españoles a la Seguridad Social al establecer que: «Los poderes públicos mantendrán un régimen público de Seguridad Social para todos los ciudadanos, que garantice la asistencia y prestaciones sociales suficientes ante situaciones de necesidad, especialmente en caso de desempleo».

El desarrollo normativo de este derecho se encuentra actualmente recogido en la Ley General de Seguridad Social, aprobada por Real Decreto Legislativo 8/2015, de 30 de octubre, por el que se aprueba el texto refundido de la Ley General de la Seguridad Social, que entró en vigor el 2 de enero de 2016.

El sistema de Seguridad Social, que regula la anterior norma, se crea para asegurar a determinadas personas, y sus familiares a cargo, una protección frente a situaciones de necesidad que puedan sufrir. Según la ley, estas personas son las que se encuentran en su ámbito de aplicación si cumplen con determinados requisitos y, por extensión, a sus familiares o asimilados que estén a su cargo.

1.5.1. Campo de aplicación

La LGSS se encuentra actualizada por el RDL 2/23, de 16 de marzo, de medidas urgentes para la ampliación de derechos de los pensionistas, la reducción de la brecha de género y el establecimiento de un nuevo marco de sostenibilidad del sistema público de pensiones.

Campo de aplicación de la Ley General de Seguridad Social (LGSS)

Estarán comprendidos en el sistema de la Seguridad Social, a efectos de las prestaciones contributivas, cualquiera que sea su sexo, estado civil y profesión, los españoles que residan en España y los extranjeros que residan o se encuentren legalmente en España, siempre que, en ambos supuestos, ejerzan su actividad en territorio nacional y estén incluidos en alguno de los apartados siguientes:

a) Trabajadores por cuenta ajena que presten sus servicios en las condiciones establecidas por el artículo 1.1 del texto refundido de la Ley del Estatuto de los Trabajadores, en las distintas ramas de la actividad económica o asimilados a ellos, bien sean eventuales, de temporada o fijos, aun de trabajo discontinuo, e incluidos los trabajadores a distancia, y con independencia, en todos los casos, del grupo profesional del trabajador, de la forma y cuantía de la remuneración que perciba y de la naturaleza común o especial de su relación laboral.

b) Trabajadores por cuenta propia o autónomos, sean o no titulares de empresas individuales o familiares, mayores de dieciocho años, que reúnan los requisitos que de modo expreso se determinen en esta ley y en su normativa de desarrollo.

c) Socios trabajadores de cooperativas de trabajo asociado.

d) Estudiantes.

e) Funcionarios públicos, civiles y militares.

Asimismo, estarán comprendidos en el campo de aplicación del sistema de la Seguridad Social, a efectos de las prestaciones no contributivas, todos los españoles residentes en territorio español.

También estarán comprendidos en el campo de aplicación del sistema de la Seguridad Social, a efectos de las prestaciones no contributivas, los extranjeros que residan legalmente en territorio español, en los términos previstos en la Ley Orgánica 4/2000, de 11 de enero, sobre derechos y libertades de los extranjeros en España y su integración social y, en su caso, en los tratados, convenios, acuerdos o instrumentos internacionales aprobados, suscritos o ratificados al efecto.

1.5.2. Régimen General y Regímenes Especiales

La Seguridad Social se organiza en dos tipos de regímenes: el General, que incluye a los trabajadores de la industria y el sector servicios que trabajan por cuenta ajena, y los distintos Regímenes Especiales, donde se incluyen las actividades productivas que se considera que tienen alguna particularidad o peculiaridad (como por ejemplo, un funcionario, un trabajador autónomo, el trabajo de la minería que, debido a sus duras condiciones laborales, tiene un sistema de cotización distinto, etc.). El objeto de estos Regímenes Especiales es aplicar todos los beneficios de la Seguridad Social a colectivos de trabajadores cuyas actividades difieren por circunstancias de tiempo o lugar de realización o que, por su naturaleza, no entrarían a formar parte del Régimen General de la Seguridad Social.

Hay que destacar que dentro del Régimen General se incluyen lo que se denominan "sistemas especiales", que se dirigen a colectivos en los que concurran circunstancias que impidan o dificulten la aplicación de las normas generales en materia de encuadramiento, afiliación, forma de cotización o recaudación. En la actualidad, se han establecido los siguientes sistemas especiales:

- **Sistema Especial para Trabajadores por Cuenta Ajena Agrarios:** incluye a los trabajadores que realicen labores agrícolas, forestales o pecuarias, así como las labores auxiliares o complementarias de las mismas desarrolladas en explotaciones agrarias, con carácter retribuido y por cuenta ajena.

- **Sistema Especial de Empleados del Hogar:** incluye a los trabajadores que se dediquen a servicios o actividades prestados para el hogar familiar, pudiendo revestir cualquiera de las modalidades de tareas domésticas, así como dirección o cuidado del hogar en su conjunto o de algunas de sus partes, cuidado o atención a miembros de la familia o personas que formen parte de su ámbito, así como otros trabajos complementarios como guardería, jardinería, conducción de vehículos, etc.

  Este sistema especial se ha visto modificado por el Real Decreto-ley 16/2022, de 6 de septiembre, que mejora las condiciones de trabajo y Seguridad Social de las personas trabajadoras al servicio del Hogar y permite equiparar las condiciones laborales de este colectivo al del resto de personas trabajadoras.

  La norma permite, por lo tanto, poner fin a una infravaloración del trabajo doméstico.

  Desde la aprobación de esta ley es obligatoria la cotización por desempleo y al FOGASA para este colectivo.

  De esta forma, y como gran novedad, las personas empleadas del hogar tendrán derecho al paro si cuando finalice su contrato han cotizado por lo menos 360 días y, por consiguiente, tendrán derecho a los subsidios asistenciales si se cumplen los requisitos previstos en ellos.

- **Sistema Especial de Frutas, Hortalizas e Industrias de Conservas Vegetales:** están incluidas las empresas dedicadas a las actividades de manipulación, envasado y comercialización de frutas y hortalizas y de fabricación de conservas vegetales, y los trabajadores al servicio de las mismas, cualquiera que sea la duración prevista en sus contratos laborales, y siempre que sus actividades se realicen de manera intermitente o cíclica.

- **Sistema Especial de la Industria Resinera:** estarán incluidos en este sistema especial la totalidad de las empresas dedicadas a la explotación de pinares para la obtención de mieras (trementina de pino) y a los trabajadores del monte, resineros y remasadores (recogedores de mieras), al servicio de las mismas.

- **Sistema Especial de los Servicios Extraordinarios de Hostelería:** es aplicable a los trabajadores que habitualmente realicen un número mínimo de lo que se consideran servicios extraordinarios, según el artículo 77 de la Reglamentación Nacional del Trabajo en la Industria de Hostelería, Cafés, Bares y similares (30 de mayo de 1994), durante el trimestre natural anterior. Solo se aplica en las provincias de Madrid y Barcelona.

- **Sistema Especial del Manipulado y Empaquetado del Tomate Fresco,** realizadas por cosecheros exportadores: se aplica a las empresas cosecheras-exportadoras de tomate fresco, y a los trabajadores eventuales o de temporada a su servicio que se dediquen exclusivamente a la manipulación y empaquetado de tomate fresco con destino a la exportación, y dentro de la campaña oficial.

- **Sistema Especial de Trabajadores fijos discontinuos de cines, salas de baile y de fiesta y discotecas:** es aplicable a las empresas de exhibición cinematográfica, salas de baile, discotecas, salas de fiesta y otros locales de espectáculos análogos, respecto al personal de su plantilla que no trabaje todos los días de la semana.

- **Sistema Especial de Trabajadores fijos discontinuos de empresas de estudios de mercado y opinión pública:** estarán incluidos en este sistema las empresas de estudios de mercado y opinión pública, respecto a sus trabajadores fijos discontinuos que realicen labores de encuestadores.

Pasamos a definir los distintos regímenes según la propia ley, y así:

Con carácter global, el Régimen General comprende a los trabajadores por cuenta ajena de las distintas ramas de la actividad económica o asimilados a ellos, mayores de 16 años, sin distinción de sexo, estado civil o profesión y ya sea trabajadores a domicilio, eventuales, de temporada o fijos, incluso discontinuos. También es irrelevante la categoría profesional y la forma y cuantía de la retribución.

Régimen Especial de los Trabajadores por Cuenta Propia o Autónomos (RETA)

Estarán obligatoriamente incluidas en el campo de aplicación del Régimen Especial de la Seguridad Social de los Trabajadores por Cuenta Propia o Autónomos las personas físicas mayores de dieciocho años que realicen de forma habitual, personal, directa, por cuenta propia y fuera del ámbito de dirección y organización de otra persona, una actividad económica o profesional a título lucrativo, den o no ocupación a trabajadores por cuenta ajena, en los términos y condiciones que se determinen en esta ley y en sus normas de aplicación y desarrollo.

La última modificación legislativa tuvo lugar el 26 de julio de 2022 a través del RDL 13/2022, por el cual se establece un nuevo sistema de cotización para trabajadores por cuenta propia o autónomos, y se mejora la protección por cese de actividad.

Por una parte, se modifica la definición de trabajador autónomo y se actualiza calificándolos como las personas físicas que realicen de forma habitual, personal, directa, por cuenta propia y fuera del ámbito de dirección y organización de otra persona, una actividad económica o profesional a título lucrativo den o no ocupación a trabajadores por cuenta ajena.

También será de aplicación esta ley a los trabajos, realizados de forma habitual, por familiares de las personas definidas en el párrafo anterior que no tengan la condición de trabajadores por cuenta ajena, conforme a lo establecido en el artículo 1.3.e) del texto refundido del Estatuto de los Trabajadores, aprobado por el Real Decreto Legislativo 2/2015, de 23 de octubre.

Por otra parte, se modifica el sistema de cotización porque, principalmente, **crea un nuevo sistema de cotización por rendimientos netos para los/as Trabajadores/as Autónomos/as.**

Actualmente los y las autónomos podían decidir a elección propia la base de cotización por la cual cotizaban mensualmente a partir de la cual se calculaba la cuota mensual a ingresar. Destacando que existían dos límites: la base mínima (persona física o administrador/societario) y la base máxima.

Es decir, cada persona era libre de decidir si le interesaba invertir en su cotización para en un futuro tener derecho a mejores prestaciones o, por el contrario, establecer una base de cotización inferior con una cuota más baja y así poder ahorrar o invertir esa diferencia en otros lugares.

Hay que destacar que este sistema se irá instaurando progresivamente en el plazo de nueve años con revisiones cada tres años.

Régimen Especial de los Trabajadores del Mar

Comprende tanto a los trabajadores por cuenta ajena como por cuenta propia que se dedican a la realización de actividades marítimo-pesqueras. Como trabajadores por cuenta ajena, se incluye a los que se dedican a las actividades de marina mercante, pesca marítima, extracción de otros productos del mar, tráfico interior de puertos y embarcaciones deportivas y de recreo y practicaje y estiba portuaria. Como trabajadores por cuenta propia se incluyen los armadores de pequeñas embarcaciones que trabajen a bordo de ellas, los que se dedican a la extracción de productos del mar y los rederos que no trabajen por cuenta de una empresa pesquera.

Régimen Especial de la Minería del Carbón

Establecido para trabajadores por cuenta ajena que prestan sus servicios en empresas que desarrollan actividades relacionadas con la minería del carbón: extracción a cielo abierto o en minas subterráneas, fabricación de aglomerados, hornos de producción, transporte fluvial y otros.

En cuanto al Régimen Especial de los Funcionarios Civiles del Estado, el Régimen Especial de las Fuerzas Armadas y el Régimen Especial de Funcionarios al servicio de la Administración de Justicia, hay que decir que, en la actualidad, están incluidos en el Régimen General de la Seguridad Social, con lo que quedan como regímenes a extinguir.

Seguro Escolar

Por otro lado, y debido a su importancia por el número de personas a las que afecta, hablaremos del Seguro Escolar, que no se trata de ningún sistema ni régimen de la Seguridad Social. Así, a partir de tercero de Educación Secundaria Obligatoria (ESO) y hasta los 28 años, los alumnos españoles y extranjeros residentes legales en España deben abonar en el momento de efectuar la matrícula de cada curso una cuota anual obligatoria para acogerse a los beneficios médicos y económicos de este seguro. Los centros educativos en los que se formaliza la matrícula enviarán las cuotas cobradas a los estudiantes a la Seguridad Social.

El RDL 2/23, de 16 de marzo, establece la obligatoriedad de cotizar para los alumnos que realicen practicas no remuneradas.

La **acción protectora** será la correspondiente al régimen de Seguridad Social aplicable, con las siguientes exclusiones: protección por desempleo, cobertura del Fondo de Garantía Salarial, formación profesional (la persona que realice prácticas no laborales, al no cotizar por estos conceptos, tampoco percibirá las prestaciones ligadas a los mismos). No obstante:

- En el supuesto de las prácticas no remuneradas se excluirá también la protección por la prestación de incapacidad temporal derivada de contingencias comunes.

- Las prestaciones económicas por nacimiento y cuidado de menor, riesgo durante el embarazo y riesgo durante la lactancia natural, se abonarán por la entidad gestora o, en su caso, por la mutua colaboradora, mediante pago directo de la misma.

- Las prestaciones que correspondan por la situación de incapacidad temporal derivada de contingencias comunes o profesionales se abonarán en todo caso mediante pago delegado.

— No cotizan al MEI.

— Existirán **planes específicos** por parte de la inspección de trabajo para evitar el fraude.

1.5.3. Entidades gestoras y servicios comunes

La estructura ministerial ha cambiado y ahora, por una parte, tenemos el Ministerio de Trabajo y Economía Social y, por otra, el Ministerio de Inclusión, Seguridad Social y Migraciones.

Dentro del Ministerio de Trabajo y Economía Social están:

• La Secretaría de Estado de empleo y economía social.

• La Subsecretaría de Trabajo y Economía Social.

Por otra parte, en el nuevo Ministerio de Inclusión, Seguridad Social y Migraciones, dentro del cual se encuentra la **Secretaría de Estado de la Seguridad Social,** que es el órgano superior del Departamento que se ocupa de la dirección y tutela de las Entidades Gestoras y servicios comunes de la Seguridad Social; el impulso y la dirección de la ordenación jurídica del Sistema de la Seguridad Social; así como de la planificación y tutela de la gestión de las entidades colaboradoras de la Seguridad Social (mutuas de accidentes de trabajo, empresas colaboradoras y fundaciones laborales) complementarias de la acción de la Seguridad Social.

Dentro de la **Secretaría de Estado de la Seguridad Social,** encontramos:

• La Dirección General de ordenación de la Seguridad Social.

• La Intervención General de la Seguridad Social.

• El Instituto Nacional de la Seguridad Social.

• La Tesorería General de la Seguridad Social.

Conviene destacar como novedad que afecta al Régimen de Funcionarios que desde el 6 de octubre de 2020, el régimen de Clases Pasivas del Estado queda integrado en el Ministerio de Inclusión, Seguridad Social y Migraciones.

1.6. Inscripción de las empresas en la Seguridad Social

En lo que se refiere a la Seguridad Social, las empresas contraen unas obligaciones, tales como inscribir la empresa, dar de alta a los trabajadores, etc.

1.6.1. Obligaciones de las empresas

Una de las obligaciones del empresario que vaya contratar a personas incluidas en el ámbito de aplicación de la Seguridad Social es solicitar, en primer lugar, la inscripción de la empresa.

La inscripción es un acto administrativo por el que el órgano competente (TGSS) asigna un número identificativo a la empresa para controlar el cumplimiento de sus obligaciones con la Seguridad Social. Este número o código de cuenta de cotización no es único por cada empresa, pues en el caso de que esta tenga actividad en varias provincias, habrá un número distinto por cada una de ellas, pese a tratarse de la misma empresa.

La solicitud de inscripción se realizará en un modelo oficial proporcionado por la Seguridad Social (TA.6).

Debemos, en este punto, dar una idea de lo que es un empresario para la Seguridad Social. Así, diríamos que es toda persona física o jurídica, pública o privada a la que prestan servicios trabajadores por cuenta ajena o asimilados que estén comprendidos en cualquier régimen de la Seguridad Social. Para tratar de delimitar con exactitud la figura del empresario en relaciones laborales especiales, el Real Decreto 84/1996, de 26 de enero, por el que se aprueba el Reglamento General sobre inscripción de empresas y afiliación, altas, bajas y variaciones de datos de trabajadores en la Seguridad Social, modificado por el Real Decreto 997/2018, de 3 de agosto, por el que se modifica el Reglamento General sobre inscripción de empresas y afiliación, altas, bajas y variaciones de datos de trabajadores en la Seguridad Social, aprobado por el Real Decreto 84/1996, de 26 de enero, establece que, con respecto a los trabajadores que se especifican, los empresarios son los siguientes:

- El club o entidad deportiva con la que los deportistas profesionales estén sujetos a la relación laboral especial.

- El organizador de espectáculos taurinos respecto a los profesionales taurinos.

- Las diócesis y organismos supradiocesanos con respecto de los clérigos.

- El departamento ministerial, organismo o dependencia de quien recibe los haberes, para el personal español contratado a su servicio.

- Para el personal interino, el departamento, organismo o dependencia de quien reciba los haberes.

- Respecto a los empleados del hogar, tendrá la consideración de empresario el titular del hogar familiar.

- En el Régimen Especial Agrario, se reputará empresario a quien ocupe trabajadores por cuenta ajena en las labores agrarias determinadas en las normas reguladoras del campo de aplicación de dicho Régimen, sea con el carácter de propietario, arrendatario, aparcero u otro concepto análogo.

ALTAS Y BAJAS

Hemos aludido en anteriores epígrafes al acto de afiliación del trabajador, cuya solicitud es obligatoria por parte del empresario por cuya cuenta vaya a prestar servicios por primera vez un trabajador, o del mismo trabajador, en caso de que vaya a realizar la actividad por cuenta propia.

La afiliación puede ser solicitada:

1. **Por el empresario**: es obligatoria su solicitud por este para los trabajadores que, no estando afiliados, vayan a iniciar la prestación laboral a su servicio.

   Cuando se solicita la afiliación a la Seguridad Social, se considera que en la misma actuación también se solicita el alta inicial del trabajador en el Régimen de Seguridad que le corresponda.

   Esta afiliación se solicita en el modelo oficial TA.1

2. **Por el trabajador**: tiene lugar en dos supuestos:
   - Cuando el trabajador inicie una actividad por cuenta propia y no esté afiliado, será obligatorio que solicite su afiliación.
   - Cuando el trabajador desarrolle una actividad por cuenta ajena y el empresario no haya cumplido con su obligación de realizar este procedimiento de afiliación y alta inicial. En este caso, la Dirección Provincial de la TGSS comunicará estas solicitudes realizadas por los trabajadores a la Inspección de Trabajo y Seguridad Social para que compruebe estos hechos, por si dieran lugar a sanción al empresario.

3. **De oficio**: es el caso en el que la afiliación la realiza la propia TGSS debido a que, tras una inspección de trabajo a la que la empresa se someta, se constate que el empresario o el trabajador por cuenta propia han incumplido con esta obligación.

Con independencia de que el trabajador esté afiliado o no, el empresario tiene la obligación de comunicar a la TGSS las altas y las bajas en el Régimen de la Seguridad Social al que esté acogido de los trabajadores a su servicio o, lo que es lo mismo, el inicio o cese de la prestación de servicios de aquellos.

El acto de la solicitud del alta del trabajador en la Seguridad Social lleva consigo la obligación de cotizar para este y para el empresario para el que realiza la actividad, es decir, de aportar unas cantidades al sistema de la Seguridad Social para contribuir a su mantenimiento.

La Seguridad Social, a través de las llamadas entidades gestoras, sus servicios comunes (Tesorería General de la Seguridad Social, en adelante TGSS) y organismos autónomos (Servicio Público de Empleo Estatal y FOGASA), se encarga de gestionar el sistema público de protección frente a las situaciones de necesidad en las que puedan verse los ciudadanos.

Este sistema se sustenta básicamente con estas aportaciones o cotizaciones, cuya recaudación se realiza mensualmente a través de los sujetos obligados a colaborar en esta labor (empresarios).

Las cantidades a ingresar como cotización se denominan cuotas y varían en función del régimen de Seguridad Social al que esté acogido el trabajador, del tipo de contrato y de las bases y tipos de cotización.

El Reglamento que venimos mencionando en este epígrafe, y que regula la inscripción de empresas, afiliación y altas y bajas: el Decreto 84/1996 sufre una modificación en su artículo 30, por el RD 504/22 y queda redactado de la siguiente forma:

La comunicación del inicio de la prestación de servicios o de la actividad y la comunicación del cese en las mismas, efectuadas por los medios electrónicos o en los modelos establecidos al efecto por la Tesorería General de la Seguridad Social, implicará la solicitud en regla del alta o de la baja en el régimen de la Seguridad Social que corresponda.

La solicitud de alta contendrá los datos relativos al ejercicio de la actividad que faciliten una información completa a las entidades gestoras y a la Tesorería General de la Seguridad Social y, en especial, los siguientes:

a) En la solicitud de alta de los trabajadores por cuenta ajena figurarán, respecto del empresario, su nombre o razón social, código de cuenta de cotización y régimen de Seguridad Social aplicable, y respecto del trabajador, su nombre y apellidos, número de la Seguridad Social, número del documento nacional de identidad o equivalente, domicilio, fecha de iniciación de la actividad, grupo de cotización, condiciones especiales de esta y, a efectos de la correspondiente a accidentes de trabajo y enfermedades profesionales, la actividad económica u ocupación desempeñada, con arreglo a la tarifa de primas vigente.

En la solicitud de alta también figurarán el código o los códigos de convenio colectivo que, en su caso, resulten aplicables al trabajador por cuenta ajena, que deberán coincidir con el correspondiente al código de cuenta de cotización en el que vaya a producirse el alta o, de haberse declarado de aplicación en la empresa más de un convenio, con aquel o aquellos que le correspondan de entre los que figuren vinculados a esa cuenta de cotización.

Asimismo, deberán figurar el nivel de formación académica, la ocupación laboral, única o principal, y el centro de trabajo al que figura adscrito el trabajador por cuenta ajena cuya alta se solicita. El nivel de formación académica y la ocupación laboral del trabajador se incluirán con arreglo, respectivamente, a las clasificaciones nacionales de educación y de ocupaciones vigentes en cada momento.

b) En la solicitud de alta de los trabajadores por cuenta propia, además de los datos indicados en el párrafo primero del párrafo a), relativos a los trabajadores por cuenta ajena, figurarán los referidos a la actividad económica u ocupación que determina su inclusión en el régimen de la Seguridad Social en el que se solicita el alta y a la sede de la actividad, si fuera distinta al domicilio del trabajador.

En las solicitudes de baja de los trabajadores, además de los datos de identificación del trabajador, incluido el número de la Seguridad Social, figurará la fecha de la baja, su causa y los datos relativos a las peculiaridades en materia de cotización y acción protectora y, tratándose de un trabajador por cuenta ajena, deberán constar los datos de identificación del empresario, incluido el código de cuenta de cotización al que figure adscrito el trabajador cuya baja se solicita y, en su caso, la fecha de finalización de las vacaciones anuales devengadas y no disfrutadas y que sean retribuidas a la finalización de la relación laboral.

Las solicitudes de alta y de baja de los trabajadores deberán ir firmadas por el empresario o, en su caso, por el trabajador autónomo.

Las solicitudes de alta por el trabajador por cuenta ajena deberán ir firmadas en todo caso por el trabajador.

Los solicitantes podrán firmar a través de cualquier medio que permita acreditar la autenticidad de su voluntad y consentimiento.

Las altas y bajas instrumentadas por medios electrónicos gozarán de plena validez y eficacia, siempre que quede garantizada su autenticidad, integridad y conservación, así como su recepción por la Tesorería General de la Seguridad Social, en los términos que determine el **Ministerio de Inclusión, Seguridad Social y Migraciones**.

1.6.2. Tramitación, documentación y plazos

En este epígrafe desarrollaremos cómo se efectúa la tramitación, la documentación y los plazos de la inscripción, de la afiliación, del alta, de la baja y de la cotización.

<u>Inscripción</u>

En cuanto al plazo, el empresario que va a contratar trabajadores para que le presten servicios debe solicitar la inscripción como empresa antes del inicio de la actividad en la Administración de la TGSS más próxima a su domicilio.

Si dispone de un certificado digital, puede presentar su solicitud accediendo a través de la Sede Electrónica de la Seguridad Social.

La documentación que debe aportarse para demostrar todos los datos relativos al tipo de empresa y a los centros de trabajo de esta varía en función del tipo de empresario.

a) Si es empresario individual:

- Modelo oficial de solicitud.

- Documento identificativo del titular de la empresa, empresario individual o titular del hogar familiar.

- Documento emitido por el ministerio con competencias en materia de Hacienda Pública asignando el número de identificación fiscal (NIF) en el que conste la actividad económica de la empresa.

b) Si se trata de un empresario colectivo y sociedades españolas:

- Todos los documentos indicados en el punto anterior.

- Escritura de constitución debidamente registrada o certificado del registro correspondiente (libro de actas en el caso de comunidades de propietarios).

- Fotocopia del DNI de quien firma la solicitud de inscripción.

- Documento que acredite los poderes del firmante, si no están especificados en la escritura.

c) Si se trata de un empresario colectivo y sociedades extranjeras:

- Si establecen centro de trabajo en España:

    Los documentos indicados en el apartado anterior en los casos de sucursales y empresas que trasladan su domicilio a España.

- Si no establecen centro de trabajo en España:

    — Los documentos indicados con carácter general en los apartados anteriores y fotocopia de las escrituras de constitución de la empresa extranjera con certificado de estar inscrita en el registro correspondiente o el equivalente exigido por su legislación para empresas de la Unión Europea.

    — Los documentos ya indicados con carácter general y certificado expedido por el cónsul español de su autorización y constitución legal en su país (en el caso de que se trate de países que no pertenecen a la Unión Europea).

    — Nombramiento o poder de representación de un representante legal con domicilio en España.

La inscripción surte efectos desde el día de inicio de la actividad empresarial, salvo que el empresario la presente posteriormente a dicho día.

Afiliación

Al igual que el número de DNI o de NIF, cualquier ciudadano tiene un número de Seguridad Social que le identifica para cualquier relación que tenga con esta (como por ejemplo, el acceso a cualquier tipo de prestación), y que le asigna la TGSS.

El empresario, al solicitar dicha afiliación y alta inicial, deberá indicar este número identificativo junto con los datos personales del trabajador por cuenta ajena, que este deberá comunicarle previamente al inicio de la prestación de servicios.

La afiliación puede solicitarse:

Teniendo en cuenta que todo ciudadano o trabajador por cuenta propia o ajena deberá disponer del número de la Seguridad Social, si no dispusiera del mismo. El empresario que vaya a contratar a un trabajador deberá solicitar ese número, en caso de que aquel no dispusiera de este.

Este número de la Seguridad Social se convertirá en número de afiliación a la Seguridad Social una vez que el ciudadano comience a realizar una prestación laboral.

El número de la Seguridad Social será asignado de oficio, es decir, por la TGSS si el empresario o trabajador hubiesen incumplido esta obligación.

En cuanto al lugar y forma de solicitud de la afiliación, esta se hará en el modelo TA.1 citado a nombre de cada trabajador e irá dirigida a la Dirección Provincial de la TGSS, o Administración de la misma, de la provincia en la que preste servicios el trabajador o asimilado, o bien en la que tenga el establecimiento el trabajador autónomo o, si este no existiera, en la que tenga su domicilio.

Como hemos mencionado, se realizará previamente al inicio de la actividad del trabajador en la empresa.

Alta y baja

Al igual que la afiliación, las altas y bajas pueden realizarse a instancia del empresario, por el propio trabajador o de oficio.

Se cumplimentará para ello el modelo oficial TA.2/S de solicitud de alta, baja o variación de datos del trabajador por cuenta ajena en el Régimen General.

La solicitud de alta contendrá los datos del ejercicio de la actividad laboral que transmitan una información completa a la TGSS.

De la misma forma, en las solicitudes de baja deberán especificarse, además de todos los datos identificativos del trabajador, la fecha en la que se producirá la baja y la causa de esta.

En ambas solicitudes se requiere la firma del empresario.

Cotización

Todo lo relativo a los aspectos de gestión recaudatoria de las cotizaciones se contiene en una variada normativa, que regula todos los aspectos formales y económicos de estas.

La obligación de cotizar no consiste únicamente en el pago de las cuotas, sino que incluye la realización de determinadas actuaciones para el ingreso de estas y actos para determinar las cuotas.

Salvo que se establezcan otros plazos especiales, las cuotas de la Seguridad Social y, en su caso, los demás conceptos que se recaudan conjuntamente, se liquidarán por mensualidades, y se ingresarán dentro del mes natural siguiente al que corresponda su devengo, con las siguientes mensualidades:

En el Régimen General de la Seguridad Social la obligación de cotización se entiende referida a días naturales y, salvo que se establezcan o autoricen otros plazos por el ministerio con competencias en materia de Seguridad Social, los periodos de liquidación de cuotas están referidos a mensualidades naturales completas, aunque el devengo y/o su pago se efectúe por periodos distintos al mes. Si las retribuciones que percibe el trabajador se devengan por horas, días o semanas, la liquidación, no obstante, será referida al mes natural al que corresponda su devengo.

El plazo legal de ingreso de las cuotas es, como regla general, el mes siguiente al devengo de estas, existiendo ciertas peculiaridades para determinados colectivos y situaciones.

Se realizará mediante los sistemas de pago y las formalidades que se establezcan por la Tesorería General de la Seguridad Social.

Así pues, los obligados al pago deben presentar a las entidades colaboradoras autorizadas el documento de ingreso correspondiente, salvo que la persona obligada haya efectuado la domiciliación bancaria de este pago. Otra forma de realizarlo es mediante medios electrónicos, con las particularidades y mediante los sistemas de cobro establecidos al efecto.

Si en el plazo reglamentario para el pago de las cuotas este no se realiza, se devengará un recargo de las cuotas.

Los obligados al pago podrán presentar los documentos de cotización a través de medios informáticos, electrónicos y telemáticos (Sistema RED). Para ello, las empresas, agrupaciones de empresas, profesionales colegiados y demás personas, que en el ejercicio de su actividad deban presentar o confeccionar documentos relativos a cotización y afiliación de empresas, como representantes de estas, deberán solicitar en la Dirección Provincial de la Tesorería General o Administración de la Seguridad Social correspondiente autorización al Sistema RED.

Se podrán transmitir a través de este sistema los siguientes documentos de cotización:

- TC-2: Relación Nominal de Trabajadores Régimen General.

- TC2/4: Régimen Especial de Minería del Carbón.

- TC2/5: Régimen Especial de los Trabajadores del Mar.

- TC-2/19: Régimen General Artistas.

- TC-2/8: Relación Nominal de Trabajadores Sistema Especial Trabajadores por Cuenta Ajena Agrarios.

1.6.3. Irrenunciabilidad de los derechos de la Seguridad Social

Según el artículo 3 del Real Decreto Legislativo 8/2015, de 30 de octubre, por el que se aprueba el texto refundido de la Ley General de la Seguridad Social, será nulo todo pacto, individual o colectivo, por el cual el trabajador renuncie a los derechos que le confiere la presente ley.

Este principio se aplica en muchas ocasiones en el ámbito laboral y, así, un trabajador está imposibilitado de privarse, voluntariamente, de los derechos y garantías que le otorga la legislación laboral, aunque sea para beneficio propio. Lo que sea renunciado está viciado de nulidad absoluta. La autonomía de la voluntad presente en el derecho no tiene ámbito de acción para los derechos irrenunciables.

Esto evidencia que el principio de la autonomía de la voluntad de derecho privado se ve severamente limitado en el derecho laboral.

Así, un trabajador no puede renunciar a su salario, ni aceptar uno que sea menor al mínimo establecido por el ordenamiento; si la jornada de trabajo diaria máxima es de 12 horas, un trabajador no puede pedirle a su empleador que le deje trabajar durante 18 horas.

1.7. Ley de Prevención de Riesgos Laborales. Objeto y carácter de la norma. Ámbito de aplicación

En la vida en general estamos constantemente sometidos a riesgos, y en el entorno del trabajo más aún.

Vamos a analizar en este apartado cómo se gestiona y se organiza la forma de solucionar los riesgos que se producen en la empresa y los posibles daños que de ellos se derivan.

Comenzamos haciendo una pequeña referencia a la historia sobre la prevención de los riesgos laborales, y observamos que se remonta a la época de Hipócrates, en el siglo IV a. C.,el cual analizó los efectos que causaba el plomo en los mineros de la época.

Al margen de esta antiquísima referencia, fue en el siglo XIX, en la Revolución Industrial, cuando por primera vez aparecieron algunas normas que trataban de proteger a los niños y a las mujeres de las durísimas condiciones laborales que se producían en las fábricas.

No obstante, la protección que se llevaba a cabo era posterior al suceso, y se dedicaba a establecer seguros que compensasen al trabajador que hubiese sufrido un daño. Por lo tanto, no había nacido aún el concepto de prevención, la noción de anticiparse al suceso.

Es en los años noventa cuando la Unión Europea obliga a todos los estados, a través de la famosa directiva 89/391, a establecer una normativa común dirigida no solo a proteger al trabajador *a posteriori,* sino a tratar de evitar o minimizar lo más posible la existencia de riesgos.

En España, en cumplimiento de esa normativa, se aprobó la **Ley 31/1995, de 8 de noviembre, de Prevención de Riesgos Laborales (en adelante LPRL).**

Esta ley recopila y resume las indicaciones de la directiva mencionada y la filosofía del Convenio nº 155 de la OIT (Organización Internacional del Trabajo), sobre seguridad y salud en el trabajo.

Los principios básicos de la LPRL garantizan que:

- Se establezca un sistema nacional de prevención y salud.

- Se analizarán los riesgos laborales al objeto de eliminarlos o reducirlos al máximo.

- Se cree el derecho para el trabajador de exigir el cumplimiento de esa normativa.

Una vez hecha esta pequeña introducción, pasamos a analizar cómo está organizado el sistema de seguridad y salud.

Destacar que se aprueba el Marco Estratégico de la UE en materia de Seguridad y Salud 2021/2027, el cual define las prioridades y acciones clave para mejorar la seguridad y salud de la población trabajadora, abordando los rápidos cambios en la economía, la demografía y los patrones de trabajo.

El marco estratégico adopta un enfoque tripartito, en el que participan instituciones de la UE, Estados miembros, interlocutores sociales y otras partes interesadas, y se centra en tres prioridades clave:

1. **Anticipar y gestionar el cambio** en el contexto de las transiciones ecológica, digital y demográfica.

2. Mejorar la **prevención** de accidentes y enfermedades relacionados con el trabajo y esforzarse por adoptar un enfoque de «visión cero» respecto a las muertes relacionadas con el trabajo.

3. Incrementar la **preparación** para responder a las crisis sanitarias actuales y futuras.

En la nueva Estrategia se quiere promocionar especialmente la investigación sobre el impacto de los cambios tecnológico, ecológico, climático y demográfico en la salud de las personas trabajadoras y anticipar actuaciones preventivas: nuevos modelos de empleo y de organización del trabajo, teletrabajo, digitalización y desconexión digital, tecnoestrés, nuevas tecnologías (robotización, plataformas digitales, inteligencia artificial, etc.), cambio climático, seguridad y salud de las personas trabajadoras en empleos verdes, gestión de residuos, reto demográfico y gestión de la diversidad generacional, así como los retos y oportunidades de las nuevas tecnologías y la digitalización aplicada a la prevención de riesgos laborales. Todo ello precisará de la correspondiente regulación que integre y amplíe los criterios que hasta ahora venimos proponiendo y aplicando para adaptarnos a un futuro que es presente.

1.7.1. La actuación de las administraciones públicas en materia de salud laboral

Analizaremos la organización desde dos puntos de vista:

A nivel institucional: cuáles son los organismos e instituciones que existen en materia de seguridad y salud.

A nivel empresarial: cómo se traslada y se aplica esa organización en la empresa.

A nivel institucional encontramos tres niveles de organización:

- Internacional.
- Europeo.
- Nacional.

El principal organismo internacional es la **OIT, Organización internacional del Trabajo,** fundada en 1919 con objeto de proteger a los trabajadores y mejorar sus condiciones de trabajo. Forman parte de esta organización en la actualidad 180 países, entre ellos España, y en su composición se encuentran las tres representaciones: gobiernos, sindicatos y asociaciones empresariales. Estos, de forma tripartita, elaboran convenios que son de aplicación para los países integrantes. Habíamos mencionado anteriormente que en materia de seguridad y salud el más importante de los convenios es el nº 155.

Como organismos de la Unión Europea, encontramos:

La Agencia Europea de Seguridad y Salud en el Trabajo, la cual pretende establecer en todo el entorno europeo un clima de trabajo más seguro y, para ello, realiza campañas de sensibilización y difusión de la importancia de la salud y seguridad de los trabajadores para la estabilidad y crecimiento de Europa. También crea instrumentos prácticos para empresas micro, pequeñas y medianas, para ayudarlas a evaluar los riesgos en el lugar de trabajo, y colaboran con los gobiernos y asociaciones sindicales y empresariales.

Con el fin de ayudar en este proceso, la Agencia Europea para la Seguridad y la Salud en el Trabajo publicó en abril de 2020 la Guía de la UE sobre Seguridad y Salud en el Trabajo, la cual ha ido actualizando, adaptando la realidad laboral a la «nueva normalidad covid». A finales de enero de 2021, ha publicado una nueva actualización, la cual contiene ejemplos de medidas para que las empresas dispongan de un entorno de trabajo seguro, sano y adecuado cuando realicen o reanuden las actividades, después de un confinamiento o de una suspensión de las mismas.

Por otra parte está el **Comité Consultivo para la Seguridad y Salud en el Trabajo,** el cual asesora a la Comisión de la UE. El Comité se encarga de asistir a la

Comisión en la preparación, aplicación y evaluación de toda iniciativa relativa a la seguridad y la salud en el trabajo. En particular, se encarga de:

- Definir, en el marco de los programas de acción comunitarios, los criterios y los objetivos de la lucha contra los accidentes laborales y los peligros para la salud en la empresa.

- Definir los métodos que permitan a las empresas y a su personal evaluar y mejorar el nivel de protección.

- Informar a las Administraciones nacionales y a las organizaciones sindicales y patronales sobre las medidas comunitarias, a fin de facilitar su cooperación y promover los intercambios de experiencias y el establecimiento de códigos de buenas prácticas.

A nivel nacional, el principal organismo es el **Instituto Nacional de Seguridad e Higiene en el Trabajo**. No obstante, también analizaremos brevemente la **Comisión Nacional de Seguridad y Salud en el Trabajo**, la **Red Española de Seguridad y Salud en el Trabajo** y la **Fundación para la Prevención de Riesgos Laborales**.

El **Instituto Nacional de Seguridad e Higiene en el Trabajo** tiene como funciones:

- Asesoramiento técnico en la elaboración de la normativa legal, tanto a nivel nacional como internacional.

- Promoción y realización de actividades de formación, información e investigación en materia de prevención de riesgos laborales.

- Apoyo técnico y colaboración con la Inspección de Trabajo y Seguridad Social en el cumplimiento de su función de vigilancia y control.

- Colaboración con organismos internacionales y desarrollo de programas de cooperación internacional.

- Fomentar y prestar apoyo a la realización de actividades de promoción de la seguridad y de la salud por las comunidades autónomas.

- Prestar, de acuerdo con las Administraciones competentes, apoyo técnico especializado en materia de certificación, ensayo y acreditación.

- Actuar como centro de referencia nacional en relación con las instituciones de la Unión Europea, garantizando la coordinación y transmisión de la información que facilita a escala nacional, en particular respecto a la Agencia Europea para la Seguridad y Salud en el Trabajo y su red.

La Comisión Nacional de Seguridad y Salud en el Trabajo se dedica a asesorar a las Administraciones públicas en la formulación de las políticas de prevención.

Está formada por representantes del Estado, de las CC. AA., de las ciudades autónomas de Ceuta y Melilla y de organizaciones sindicales y empresariales.

Por otra parte, la **Red Española de Seguridad y Salud en el Trabajo** es una red de información que utiliza internet como vía de difusión. Está administrada por el INSHT, que actúa como supervisor y como referencia nacional y europea. Además del instituto como administrador, forman parte de ella organismos del Estado, CC. AA., y sindicatos y asociaciones empresariales.

Y, por último, la **Fundación para la Prevención de Riesgos Laborales,** cuya función consiste en promover la mejora de las condiciones de seguridad y salud en el trabajo, especialmente en las pequeñas empresas, a través de acciones de información, asistencia técnica, formación y promoción del cumplimiento de la normativa de prevención de riesgos.

1.8. La negociación colectiva. Concepto y clases de convenios. Contenido de los convenios

Una peculiaridad del derecho laboral se encuentra en sus fuentes o instituciones, de las que surgen las normas que comprende esta rama del derecho. Así, no solo pueden crear normas el poder legislativo y el ejecutivo, sino también los representantes de los trabajadores de acuerdo con los representantes de los empresarios, aunque, eso sí, estas se sitúan jerárquicamente por debajo de aquellas. De este modo, pueden generar o pactar unas normas que regulen todos los ámbitos o aspectos de la relación laboral y que ambos están obligados a cumplir y respetar como si se tratase de un contrato individual. Estas normas se denominan convenios colectivos.

Esta facultad de realizar normas laborales por un acuerdo entre las partes es reconocida en el artículo 37.1 de la Constitución española de 1978 que reconoce: «el derecho a la negociación colectiva y la fuerza vinculante de los convenios».

Como hemos dicho anteriormente, los convenios colectivos, al ser una norma que está por debajo de las dictadas por el poder legislativo o ejecutivo, es decir, normas con rango de ley, no pueden contradecir lo que establezcan estas, aunque sí pueden mejorar los derechos laborales que se establecen en ellas. Por ejemplo, la ley establece que el periodo de descanso por vacaciones es de 30 días naturales, que un convenio colectivo pueden aumentar, pero nunca disminuir.

Todo lo relativo a los convenios colectivos se regula en el TRLET, de 23 de octubre de 2015.

Los convenios colectivos se regulan en el título III del texto de la citada ley, en el que se habla de su función: «regulan, tomando como base el Estatuto de los trabajadores de los Trabajadores, las condiciones de trabajo y de productividad». Estas condiciones abarcan cuestiones económicas, laborales, sindicales y otras relativas a las relaciones entre empresario y trabajador.

Los convenios colectivos obligan a todos los empresarios y trabajadores dentro de su ámbito de aplicación, esto es, bien el territorio, o bien el sector de actividad, que es decidido por las partes hasta que deje de estar vigente.

Según el artículo 83 del Texto Refundido de la Ley del Estatuto de los Trabajadores, pueden negociar legalmente los convenios colectivos:

- Las organizaciones sindicales por parte de los trabajadores.

- Las asociaciones empresariales.

Ambas organizaciones deben ser las más representativas en el ámbito territorial del Estado o de una comunidad autónoma.

Clases de convenios

- **Convenios de eficacia general**: aquellos que afectan y obligan a todos los trabajadores y empresarios incluidos en la unidad de contratación, sin tener en cuenta la afiliación sindical de los trabajadores o asociación profesional de los empresarios que los pacten o a la que pertenezcan.

   Serán convenios colectivos de eficacia general los elaborados de acuerdo con las reglas que establece el ET.

- **Convenios de eficacia limitada**: denominados extraestatutarios o impropios, se aplican solo a los trabajadores afiliados y a los empresarios asociados de los sindicatos y asociaciones empresariales firmantes, y no al resto de los trabajadores o empresarios.

   No se sujetan a las pautas del ET, o iniciados conforme a este y con vocación de tener eficacia general, durante su desarrollo no consiguen mantener los requisitos para finalizarlo de acuerdo con el ET.

Clasificación de los convenios colectivos según su ámbito de aplicación:

El ámbito de aplicación de un convenio es el conjunto determinado de trabajadores y empresarios a los que se aplica. Se puede hablar de:

- Un ámbito funcional. Se puede hablar de convenios de empresa o de ámbito superior o «supraempresarial». También existen los convenios de ámbito inferior a la empresa, como pueden ser de centro de trabajo, de sección, grupos o categorías profesionales (convenios franja).

- Un ámbito territorial o geográfico donde se aplicará el convenio.

- Un ámbito personal, grupo o categoría de trabajadores a los que se destina la regulación convencional.

Clasificación de los convenios según su función:

- Convenios marco: «convenios para convenir», tienen por objeto establecer reglas o pautas sobre la estructura de la negociación colectiva en el ámbito interprofesional en que se aplican.

- Acuerdo sobre materias concretas: trata de reglamentar alguna cuestión determinada sin regular con vocación de plenitud las condiciones de trabajo.

- El convenio general o básico: su objetivo es fijar en un ámbito sectorial amplio condiciones de trabajo, que actúan como mínimo para otros convenios de ámbito inferior.

- El acuerdo de adhesión: las partes legitimadas para negociar un convenio, y que no estén afectadas por otro, deciden, de común acuerdo, adherirse a la totalidad de un convenio colectivo en vigor.

- El acuerdo que pone fin a una huelga va a tener la misma consideración jurídica que un convenio colectivo.

Contenido de los convenios

Los convenios colectivos tienen dos tipos de contenido: el contenido normativo, que es la parte del convenio donde se establece su estructura, y que nos dice cómo «tiene que hacerse el convenio», y el contenido obligacional, que es el que contiene las cláusulas del mismo que a partir de su vigencia obligarán a los trabajadores y empresarios que entren dentro de su ámbito de aplicación.

El contenido normativo, es decir, la parte estructural del convenio, es:

Como mínimo, un convenio colectivo debe contener o hacer referencia a los siguientes puntos:

a) Quiénes son las partes que lo han negociado.

b) El ámbito de aplicación (personal, funcional, territorial y temporal).

c) Cuál es el procedimiento para resolver las posibles discrepancias que puedan surgir.

Es precisamente en materia de convenios colectivos donde se ha producido una de las mayores modificaciones de la reforma laboral de 2021.

Así, por ejemplo, se instaura de nuevo la llamada ultraactividad de los convenios, lo cual significa que desaparece la situación anterior, que daba lugar a que, una vez transcurrido un año desde la denuncia, el convenio perdía su vigencia, de manera que solo había que dejar pasar el tiempo para que un convenio perdiese su efecto, con la consiguiente pérdida de derechos adquiridos.

A partir de ahora el convenio mantiene su vigencia durante el tiempo de negociación de un nuevo convenio o si no se hubiese pactado nuevo convenio transcurrido un año.

Por otra parte, será el convenio del sector, y no el convenio de empresa, el que fije los salarios, no pudiendo el convenio de empresa pactar salarios inferiores en lo referente al SB y a los CS al convenio del sector.

Esto supone un gran beneficio para los trabajadores, ya que el sector siempre tiene una representación laboral más fuerte y con más vigor que la existente en la empresa (a veces inexistente).

Esto se ha puesto de manifiesto en el caso de los trabajadores de empresas multiservicio (limpieza, seguridad, *call centers,* etc.), en cuyo caso las medidas conseguidas por el sector siempre superarán a las pactadas a nivel empresa.

Mientras que la parte obligacional contiene las cuestiones propias del convenio en sí, tales como cantidades salariales, periodo de ampliación vacacional, uniformes de trabajo, horarios, permisos, etc., a partir de ahora los convenios colectivos podrán establecer una edad de jubilación forzosa vinculada a objetivos de política de empleo.

Así, esta medida vuelve a permitir que los convenios colectivos establezcan jubilaciones por edad, permitiendo el rejuvenecimiento de plantillas, puesto que los contratos extinguidos serán reemplazados en ciertas condiciones por nuevas contrataciones de desempleados o por transformaciones de temporales en indefinidos.

Los requisitos para que el convenio decida establecer esta medida son que el trabajador cumpla los requisitos exigidos en la Seguridad Social para tener derecho a la pensión contributiva, y que la medida se vincule a objetivos coherentes de política de empleo expresados en el propio convenio, tales como mejora de estabilidad en el empleo, contratación de nuevos trabajadores, relevo generacional, etc.

Actividades

1.1. La norma denominada comúnmente LISOS regula:

   a) Las infracciones y sanciones en el orden social.

   b) Las infracciones y sanciones en el orden sindical.

   c) Las infracciones y sanciones en materia de seguridad y prevención.

1.2. La costumbre jurídico-laboral debe ser:

   a) Local y profesional.

   b) Local y social.

   c) Profesional y no retroactiva.

1.3. El principio *in dubio pro operario* significa:

   a) En caso de duda, actuar siempre a favor del trabajador.

   b) En caso de duda, actuar siempre a favor de la obra ya iniciada.

   c) En caso de duda, no actuar.

1.4. La Constitución española tiene:

   a) 179 artículos.

   b) 169 artículos.

   c) 159 artículos.

1.5. La OIT:

   a) Fue fundada en 1980 y pertenecen a ella 1.919 países.

   b) Fue fundada en 1919 y pertenecen a ella 1.980 países.

   c) Fue fundada en 1920 y pertenecen a ella 1.919 países.

1.6. Tendrán mayor representación sindical a nivel estatal los sindicatos que acrediten una audiencia de:

   a) Más del 10 % de delegados de personal o miembros del comité de empresa.

   b) Menos del 10 % de delegados de personal o miembros del comité de empresa.

   c) Más del 15 % de delegados de personal o miembros del comité de empresa.

1.7. La disponibilidad de crédito horario para llevar a cabo funciones de representación es:

a) Una facilidad de los representantes de los trabajadores.

b) Una garantía de los representantes de los trabajadores.

c) Un derecho fundamental de los trabajadores.

1.8. Los representantes de los trabajadores deben informar a los mismos:

a) Anualmente.

b) Trimestralmente.

c) Mensualmente.

1.9. En un centro de trabajo donde hay 29 trabajadores, se elegirá:

a) 3 delegados de personal.

b) 1 delegado de personal.

c) Un comité de empresa.

1.10. En un centro de trabajo de 56 trabajadores, existirá:

a) 1 delegado de personal.

b) Un comité de empresa.

c) 3 delegados de personal.

2. Contratación de recursos humanos

Contenido

Cualquier organización necesita unas personas que realicen unas determinadas funciones que contribuyan a la consecución de sus objetivos.

Las personas que las realizan se denominan *recursos humanos* o *capital humano* y se incorporan a la empresa por medio de un contrato de trabajo, que es un acuerdo entre ellos y el empresario para intercambiar su fuerza de trabajo por un salario.

Al considerarse al trabajador la parte débil de este acuerdo, el Estado vigila, a través de unos organismos públicos, que se cumplan las condiciones de trabajo mínimas que establece el derecho laboral.

2.1. Organismos y órganos que intervienen en relación con el contrato de trabajo

Como sabemos, nuestro país es, según la Constitución española de 1978, un Estado *social*, lo que significa que el Estado tiene la obligación de garantizar unas condiciones de vida mínimas a todos los ciudadanos. Estas condiciones suponen, por tanto, un derecho constitucional, extensibles también a las circunstancias en las que se desarrolla el trabajo como medio de vida digno.

El derecho al trabajo se recoge en el artículo 35.1 de la Constitución española en los siguientes términos: «Todos los españoles tienen el deber de trabajar y el derecho al trabajo». El artículo 40.1, del Capítulo III, se dice que «Los poderes públicos promoverán las condiciones favorables para el progreso social y económico y para una distribución de la renta regional y personal más equitativa, en el marco de una política de estabilidad económica. De manera especial realizarán una política orientada al pleno empleo».

En el artículo 40.2, dentro de los principios que rigen la política y la economía, se establece:

> Asimismo, los poderes públicos fomentarán una política que garantice la formación y readaptación profesionales; velarán por la seguridad e higiene en el trabajo y garantizarán el descanso necesario, mediante la limitación de la jornada laboral, las vacaciones periódicas retribuidas y la promoción de centros adecuados.

Estos artículos citados significan en la práctica lo siguiente:

1. El Estado debe procurar que cualquier persona en edad de trabajar pueda hacerlo, independientemente de su condición social, formación, edad, sexo, etc.

2. El poder legislativo debía aprobar una norma que regulara de forma general las relaciones de trabajo entre el empresario y el trabajador por cuenta ajena, a través de la imposición de condiciones mínimas obligatorias que debían ser respetadas en cualquier contrato y que a partir de las cuales se podía negociar por ambas partes una mejora de estas de forma que garantizaran una relación de equilibrio entre partes con fuerzas desiguales.

Para cumplir con ese mandato constitucional de 1978, se aprobó la Ley 8/1980, de 10 de marzo, del Estatuto de los Trabajadores que fue sustituida más de una década después por una nueva ley: el Real Decreto Legislativo 1/1995, de 24 de marzo, por el que se aprueba el texto refundido de la Ley del Estatuto de los Trabajadores que unificaba la normativa dispersa e integraba las modificaciones introducidas en el Estatuto por otras leyes posteriores. Este nuevo Estatuto fue a su vez sometido a múltiples reformas normativas y políticas que hicieron necesaria la creación de otro nuevo que derogaba el anterior de 1995 (Real Decreto Legislativo 2/2015, de 23 de octubre, por el que se aprueba el texto refundido de la Ley del Estatuto de los Trabajadores).

Posteriormente y en consonancia con la evolución de las necesidades laborales, se da una nueva redacción al Estatuto de los Trabajadores mediante Real Decreto-ley 32/2021, de 28 de diciembre, de medidas urgentes para la reforma laboral, la garantía de la estabilidad en el empleo y la transformación del mercado de trabajo.

3. Que la Administración laboral vigilará que se cumplan estas condiciones mínimas de manera previa a la relación laboral, mediante la obligación por parte del empresario de entregar una copia básica (o datos básicos identificativos del contrato) de cada uno de los contratos de trabajo que realice o de sus prórrogas al Servicio Público de Empleo de la comunidad autónoma que se trate, salvo en las ciudades autónomas de Ceuta y Melilla, que se trasladarán al Servicio Público de Empleo Estatal (en adelante, SEPE). En la actualidad, las empresas envían estas copias a través de la aplicación informática denominada Contrat@.

Los Servicios Públicos de Empleo de las comunidades autónomas introducirán los datos de la contratación, que el ministerio con competencias en materia laboral considere obligatoria, en la base de datos del SEPE.

Legalmente, el trabajador tiene derecho a solicitar información del contenido de los contratos de los que sea parte, a los Servicios Públicos de Empleo. De manera posterior y durante la vigencia del contrato, se realiza el control y vigilancia del cumplimiento de las condiciones de contratación, mediante el organismo estatal de la Inspección de Trabajo y Seguridad Social, institución creada a principios del siglo xx, con la función de vigilancia del cumplimiento de las primeras leyes sociales de la época.

4. Que, aunque en nuestro ordenamiento jurídico rige el principio de libertad de forma en la contratación (es válida la forma oral y la escrita), en ciertos contratos, el Estado establecerá como obligatoria la forma escrita y, además, en un modelo de contrato aprobado legalmente.

5. Que, en la búsqueda de empleo y la formación laboral para garantizar el desarrollo profesional, la Administración pública estatal colaborará con distintas medidas cuyo objetivo es que los ciudadanos encuentren y mantengan el empleo, así como proporcionarles la formación que les permita el desarrollo profesional. En esta materia, el Estado tiene funciones de coordinación del sistema de empleo, ya que son las comunidades autónomas a las que se les ha transferido la competencia en acciones de intermediación y formación para el empleo y el presupuesto estatal para llevarlas a cabo.

6. Que las políticas de cualquier gobierno deben perseguir la eliminación del desempleo en la población activa, tratando de poner en marcha diversas medidas de fomento del empleo. El ministerio competente en materia laboral elabora el denominado Plan Anual de Políticas de Empleo, en el que coordina esas políticas enfocadas al empleo con las distintas comunidades autónomas.

A continuación, veremos qué organismos y órganos públicos intervienen en los distintos aspectos que suponen ser sujeto de un contrato de trabajo y la protección del trabajador en diferentes aspectos relacionados con el derecho al trabajo y su protección.

2.1.1. En materia de contratación laboral

Como hemos mencionado en el punto anterior, el principio jurídico de libertad de pactos entre las partes de un contrato no existe en el ámbito laboral en un sentido amplio, pues el Estado interviene en estas relaciones contractuales para proteger a la parte más débil de esta relación, que es el trabajador.

Para llevar a cabo las acciones políticas y gestionar todo lo relativo a las relaciones de trabajo y protección de los trabajadores, existe un órgano administrativo encargado de ello, un ministerio, que en la actualidad tiene la denominación de Ministerio de Trabajo y Economía Social.

Debido a la variedad de temas y colectivos a los que afectan las decisiones y acciones en política sociolaboral, el Ministerio de Trabajo y Economía Social se compone de una variedad de organismos públicos y unidades administrativas, que se encuentran en su organigrama, que puede consultarse en la página web del citado ministerio.

A continuación, veremos las principales funciones de los órganos que regulan las normas que deben observarse en las condiciones que se plasmarán en el contrato de trabajo y en el desarrollo de la prestación laboral. También hablaremos de organismos públicos que facilitan la creación y firma de los contratos de trabajo, pues realizan la intermediación laboral y, además, registran los contratos de trabajo que se acuerdan entre empresa y trabajadores.

1. **Secretaría de Estado de Empleo y Economía Social:**

   Es el órgano jerárquicamente superior del ministerio, que realiza una gran variedad de funciones administrativas que, básicamente, consisten en impulsar, dirigir y desarrollar las relaciones laborales individuales y colectivas, las condiciones de trabajo, la protección por desempleo, el fomento del empleo, la formación ocupacional, la economía social y la promoción del trabajo autónomo.

2. **Dirección General del Trabajo Autónomo, de la Economía Social y de la Responsabilidad Social de las Empresas:**

   De entre sus funciones, cabe destacar, en relación con el empleo, la participación en el proceso de diseñar las políticas públicas para lograr impulsar el trabajo autónomo y de los emprendedores.

3. **Servicio Público de Empleo Estatal (SEPE):**

   El Servicio Público de Empleo Estatal es el organismo autónomo de la Administración General del Estado al que se le encomienda la ordenación, desarrollo y seguimiento de los programas y medidas de la política de empleo, que se encuentran definidos en la Ley 3/2023, de 28 de febrero, de Empleo.

   Es un organismo adscrito al ministerio con competencias en materia de empleo y que asume las competencias y funciones que tenía el desaparecido Instituto Nacional de Empleo (INEM). Forma parte del Sistema Nacional de Empleo, junto a organismos autonómicos que tienen funciones en la misma materia, los Servicios Públicos de Empleo de cada una de estas. El Servicio

Público de Empleo Estatal se articula en torno a una estructura central y a una estructura periférica para el cumplimiento de sus competencias.

Las organizaciones empresariales y sindicales más representativas participarán, de forma tripartita y paritaria, en sus órganos correspondientes.

Las oficinas de prestaciones del SEPE se encuentran físicamente dentro de las oficinas de empleo de los Servicios Públicos de Empleo de las comunidades autónomas.

El artículo 18 de la Ley 3/2023, de 28 de febrero, de Empleo, establece que este organismo se transformará en la Agencia Española de Empleo mediante un Real Decreto que regulará las condiciones de la transformación del Servicio Público de Empleo Estatal.

La Agencia Española de Empleo, según el artículo 19, «será una entidad de derecho público de la Administración General del Estado a la que se le encomienda la ordenación, desarrollo y seguimiento de los programas y medidas de las políticas activas de empleo y de protección por desempleo, en el marco de lo establecido en esta ley».

De entre las competencias que tendrá este organismo público, destacamos las siguientes:

- Percibir las ayudas de fondos europeos para la cofinanciación de acciones que están a cargo de su presupuesto.

- Gestionar el Observatorio de las Ocupaciones, con una red en todo el territorio del Estado, que analice la situación y tendencias del mercado de trabajo y la situación de la formación en el trabajo, en colaboración con las comunidades autónomas.

- Mantener las bases de datos generadas por los sistemas integrados de información del Sistema Nacional de Empleo y elaborar las estadísticas en materia de empleo, formación en el trabajo y protección por desempleo a nivel estatal.

- Llevar a cabo investigaciones, estudios y análisis sobre la situación del mercado de trabajo y los instrumentos para mejorarlo, en colaboración con las respectivas comunidades autónomas.

- La gestión y el control de las prestaciones por desempleo y subsidios por desempleo, de nivel contributivo o asistencial, en coordinación con los servicios públicos de empleo de las comunidades autónomas.

- Coordinar e impulsar acciones de movilidad en el ámbito estatal y europeo.

- Coordinar los Centros de Orientación, Emprendimiento, Acompañamiento e Innovación para el Empleo y fomentar la colaboración entre ellos.

4. **Los servicios públicos de empleo de las comunidades autónomas:**

La Ley de Empleo define a los servicios públicos de empleo de las comunidades autónomas como los órganos o entidades a los que, en sus respectivos ámbitos, corresponde la gestión y desarrollo de las políticas activas de empleo, así como garantizar la prestación de los servicios de empleo, comunes y complementarios, previstos en esta ley.

Como novedad introduce la posibilidad de colaboración de estos servicios públicos de empleo con las corporaciones locales u otras entidades, públicas o privadas, para la prestación de los servicios de empleo, comunes y complementarios.

Esta Ley también establece la participación de las organizaciones empresariales y sindicales más representativas en órganos de estos servicios de empleo autonómicos, que tendrán de carácter tripartito y paritario.

5. **Agencias de colocación:**

La Ley 3/2023, de 28 de febrero, de Empleo define el concepto de intermediación laboral en el artículo 40, como «el conjunto de acciones destinadas a proporcionar a las personas trabajadoras un empleo adecuado a sus características y facilitar a las entidades empleadoras las personas trabajadoras más apropiadas a sus requerimientos y necesidades». Estas acciones comprenden:

«a) La prospección y captación de ofertas de trabajo.

b) La puesta en contacto de ofertas de trabajo con personas que buscan un empleo, para su colocación o recolocación.

c) La selección para un puesto de trabajo de personas que pueden ser idóneas para el mismo, evitando cualquier sesgo o estereotipo de género, edad o discapacidad.

d) La puesta a disposición de la persona solicitante de empleo, [Σ], el conjunto de apoyos necesarios para que sus circunstancias personales, sociales o familiares no se traduzcan en barreras a lo largo del proceso de intermediación laboral».

Esta norma atribuye la competencia para la intermediación en el mercado de trabajo únicamente a:

a) Los servicios públicos de empleo.

b) Las agencias de colocación.

c) Aquellos otros servicios que reglamentariamente se determinen para o con las personas trabajadoras en el exterior.

Esta intermediación laboral se considera un servicio de carácter público, con independencia de qué órgano o entidad la realice por lo que se garantizará a las personas trabajadoras, la gratuidad por la prestación de servicios de intermediación.

Las agencias de colocación son entidades, públicas o privadas, con o sin ánimo de lucro, que realizan actividades de intermediación laboral, en coordinación con los servicios públicos de empleo o como entidades colaboradoras de estos.

La pregunta que surge ahora es ¿quién puede actuar válidamente como agencia de colocación? Pueden ser personas físicas o jurídicas que presenten una declaración responsable de que se cumplen los requisitos legales, ante el servicio público de empleo competente de la comunidad o ciudad autónoma en la que tengan su establecimiento principal, aunque su actuación puede realizarse de forma ilimitada en el tiempo en todo el territorio del Estado.

La Ley de Empleo prevé que una norma de carácter reglamentario regule un sistema electrónico común que permita unir la información proporcionada por la Agencia Española de Empleo y por los servicios públicos de empleo de las comunidades autónomas para que estos puedan conocer en todo momento las agencias que operan en su territorio.

Si esa agencia de colocación desea colaborar con los servicios públicos de empleo autonómicos, estos celebrarán acuerdos o convenios de colaboración en su territorio, que permitirán que aquellos redirijan a los demandantes de empleo a estas agencias para la prestación de los servicios de intermediación laboral solicitados, así como a empresas usuarias de estos servicios.

De igual modo, las empresas y los demandantes de servicios de empleo podrán acudir directamente a las agencias de colocación para que les presten servicios de intermediación que hayan suscrito acuerdos o convenios de colaboración con los servicios públicos de empleo para encontrar personas candidatas que se ajusten a sus necesidades y requerimientos para el desempeño del puesto de trabajo o para encontrar empleo adecuado a su perfil y competencias profesionales, respectivamente.

Las agencias de colocación tienen las siguientes obligaciones:

a) Proporcionar a los servicios públicos de empleo la información que determine la norma aplicable, sobre las personas trabajadoras atendidas y las actividades que desarrollan, así como sobre las ofertas de empleo y los perfiles profesionales que correspondan con esas ofertas, con la periodicidad y la forma que se establezca.

b) Respetar la intimidad y dignidad de las personas trabajadoras y cumplir la normativa aplicable en materia de protección de datos y garantizar a las personas trabajadoras la gratuidad por la prestación de servicios.

c) Disponer de sistemas electrónicos compatibles y complementarios con los de los servicios públicos de empleo.

d) Cumplir la normativa vigente en materia laboral y de Seguridad Social.

e) Cumplir con las normas sobre accesibilidad universal de las personas con discapacidad y, en particular, vigilar que las ofertas que han de ofrecer tienen una relación de equilibrio entre el perfil profesional que se solicita y las características de los puestos de trabajo incluidos en estas ofertas, además de evitar que estas excluyan a las personas con discapacidad.

f) Garantizar que se cumple con el principio de igualdad en el acceso al empleo, para lo que no debe existir discriminación directa o indirecta de los candidatos que opten al puesto de trabajo, y que se base en motivos de edad, sexo, discapacidad, salud, orientación sexual, identidad de género, expresión de género, características sexuales, nacionalidad, origen racial o étnico, religión o creencias, opinión política, afiliación sindical, así como por razón de lengua, dentro del Estado español, o cualquier otra condición o circunstancia personal o social, siempre que las personas trabajadoras se hallasen en condiciones de aptitud para desempeñar el trabajo en cuestión.

Si la agencia de colocación no cumpliera con las obligaciones que la normativa le atribuye, o incurriera en falsedad en los datos incluidos en la declaración responsable, será dada de baja en la condición de agencia de colocación y, además, se le impondrán las sanciones previstas.

A la fecha de la redacción de este epígrafe, las entidades que trabajan como agencias de colocación pueden consultarse en el siguiente enlace: https://www.sistemanacionalempleo.es/AgenciasColocacion_WEB/listadoAgencias.do?modo=inicio.

Por último, desde el año 2012, las Empresas de Trabajo Temporal (ETT) también pueden actuar como agencias de colocación, siempre que presenten la declaración responsable ante los citados organismos públicos. Ejemplos de ello son grandes Empresas de Trabajo Temporal como Adecco T. T., EULEN Flexiplan, Randstad E. T. T., S. A.

La diferencia entre las agencias de colocación y las ETT es con respecto a la unión entre el trabajador, la empresa intermediaria y la empresa que ofrece el contrato. Cuando se realiza a través de las primeras, la relación laboral nace entre el trabajador y la empresa que ofrece el contrato, mientras que, en el segundo caso, esta relación laboral es entre el trabajador y la ETT, que pone a este a disposición de la empresa que ofreció el contrato.

6. Fondo de Garantía Salarial (FOGASA):

Una de las obligaciones del empresario en un contrato de trabajo es el pago del salario, que se refleja documentalmente en la nómina mensual. En ella podemos ver una deducción que debe hacer el empresario del salario devengado que va destinada al FOGASA. Veremos la garantía que ello supone para el trabajador, aunque primero explicaremos qué es el FOGASA.

Es un organismo adscrito al ministerio con competencias en materia de trabajo y/o Seguridad Social, que garantiza a los trabajadores la percepción de salarios, así como las indemnizaciones por despido o extinción de la relación laboral, pendientes de pago debido a que, cuando esta situación tiene lugar, el empresario se ha declarado insolvente o se encuentra en un procedimiento concursal, que se produce cuando una empresa no puede afrontar los pagos de sus acreedores, entre los que se encuentran sus trabajadores, y con este procedimiento intenta saldar las deudas y mantener la actividad empresarial.

Cuando el trabajador deja de percibir su salario por estas causas, el Estado le garantiza que el FOGASA lo abonará en lugar del empresario, aunque existe un límite máximo en la cuantía a abonar. Esta cuantía sería la que resultara de multiplicar por dos el importe del Salario Mínimo Interprofesional diario que corresponda, prorrateando las pagas extraordinarias por días y el resultado, multiplicarlo por el número de días que han quedado pendientes de pago, con el límite de 120 días máximo, aunque el número de días que hubiera de percibir el trabajador por los salarios no abonados fuera superior a ese límite.

El FOGASA también garantiza el pago de las indemnizaciones por despido o extinción de la relación laboral que se hayan establecido por sentencia judicial, o que se hayan acordado en un acto de conciliación previo a la demanda laboral o por resolución administrativa a favor de los trabajadores.

Destacamos la modificación del Real Decreto 505/1985, de 6 de marzo, sobre organización y funcionamiento del Fondo de Garantía Salarial, que hizo el Real Decreto-ley 16/2022, de 6 de septiembre, para la mejora de las condiciones de trabajo y de Seguridad Social de las personas trabajadoras al servicio del hogar. Esta modificación incluye como los obligados a cotizar al FOGASA a «las personas empleadoras por las personas trabajadoras en el hogar familiar vinculadas entre sí en virtud de relación laboral de carácter especial». Como consecuencia de esta modificación, si se produjera la extinción del contrato de trabajo por las causas previstas en el artículo 11.2 del Real Decreto 1620/2011, de 14 de noviembre, por el que se regula la relación laboral de carácter especial del servicio del hogar familiar, la cuantía de la indemnización que procede abonar al Fondo de Garantía Salarial se calculará a razón de doce días de salario por año de servicio, prorrateándose por meses los periodos de tiempo inferiores a un año, con el límite máximo de seis mensualidades, sin que el salario diario, base del cálculo, pueda exceder del doble del salario mínimo interprofesional, incluyendo la parte proporcional de las pagas extraordinarias.

El Fondo de Garantía Salarial no incluye en la cobertura de garantía salarial los pluses de distancia, transporte, vestuario, quebranto de moneda, desgaste de útiles y herramientas, dietas, complementos de incapacidad temporal y cualquier otro de naturaleza indemnizatoria que el trabajador tuviera incluido en sus percepciones.

2.1.2. En materia de Seguridad Social

En la Constitución española, el artículo 41, dentro del Capítulo tercero, dedicado los principios que rigen la política social y económica de nuestro país, recoge: "Los poderes públicos mantendrán un régimen público de Seguridad Social para todos los ciudadanos, que garantice la asistencia y prestaciones sociales suficientes ante situaciones de necesidad, especialmente en caso de desempleo. La asistencia y prestaciones complementarias serán libres".

La Seguridad Social es un sistema público de protección de los ciudadanos, que tiene su origen a finales del siglo XIX, con el establecimiento de medidas dirigidas a proteger a la clase obrera. Una de estas medidas fue la aparición de diferentes tipos de seguros sociales, ya en el siglo XX, como el Retiro Obrero (1919), el Seguro Obligatorio de Maternidad (1923), Seguro de Paro Forzoso (1931), Seguro de Enfermedad (1942) o el Seguro Obligatorio de Vejez e Invalidez (SOVI) (1947), existiendo organismos públicos que hacían de caja de estos fondos, que confluyeron finalmente en el extinguido Instituto Nacional de Previsión.

Este sistema de protección de los trabajadores, sin embargo, se quedó anticuado y se volvió ineficaz, difícil de gestionar y carente de unidad e uniformidad.

La protección garantizada por estos seguros fue insuficiente, lo que hizo que aparecieran las mutualidades laborales organizadas por sectores laborales y que aseguraban unas prestaciones que tenían como finalidad completar la protección de los seguros obligatorios o que podían suscribir los trabajadores en la época.

Todo ello produjo una variedad de sistemas de cobertura y, como consecuencia, la discriminación de la población trabajadora debido a las prestaciones ofrecidas por cada uno de los seguros y mutualidades existentes.

En 1963 se publica la Ley de Bases de la Seguridad Social, cuyo objetivo era unificar la protección social, y que este modelo fuese financiado mediante reparto, la gestión pública del sistema y que el Estado también participara en la financiación.

No obstante, y aunque en posteriores leyes se plasmaron esos principios, lo cierto es que el modelo carecía de estabilidad financiera.

El artículo 41 abre la puerta a un sistema igualitario y sustentado de forma pública.

Así, la primera gran reforma de este sistema de seguridad social se produce con la publicación del Real Decreto Ley 36/1978, de 16 de noviembre, sobre gestión institucional de la Seguridad Social, la salud y el empleo crea los siguientes organismos de gestión y se permite la participación de los agentes sociales:

a. El Instituto Nacional de la Seguridad Social, para la gestión de las prestaciones económicas del sistema.

b. El Instituto Nacional de Salud, para las prestaciones sanitarias (Organismo que posteriormente pasará a denominarse Instituto Nacional de Gestión Sanitaria).

c. Instituto Nacional de Servicios Sociales, para la gestión de los servicios sociales (Organismo que posteriormente pasará a denominarse Instituto de Mayores y Servicios Sociales).

d. El Instituto Social de la Marina, para la gestión de los trabajadores del mar.

e. La Tesorería General de la Seguridad Social, como caja única del sistema.

Posteriormente, se crea la Gerencia de Informática de la Seguridad Social, para coordinar y controlar la actuación de los servicios de informática y proceso de datos de las distintas Entidades Gestoras.

Actualmente, el Sistema de Seguridad Social es gestionado por los siguientes entes públicos adscritos en la actualidad al Ministerio de Inclusión, Seguridad Social y Migraciones a través de la Secretaría de Estado de la Seguridad Social y Pensiones:

1. El Instituto Nacional de la Seguridad Social (INSS).

2. El Instituto Social de la Marina (ISM).

3. La Tesorería General de la Seguridad Social (TGSS).

4. La Gerencia de Informática de la Seguridad Social.

El Real Decreto Ley 36/1978, de 16 de noviembre, sobre gestión institucional de la Seguridad Social, la salud y el empleo, regulaba básicamente la organización del sistema, mientras que el desarrollo normativo del derecho fundamental del ciudadano, contenido en el artículo 41 de la Constitución española, lo realizó el Real Decreto Legislativo 1/1994, de 20 de junio, por el que se aprueba el texto refundido de la Ley General de la Seguridad Social, actualmente derogado por el Real Decreto Legislativo 8/2015, de 30 de octubre, por el que se aprueba el texto refundido de la Ley General de la Seguridad Social. Este real decreto legislativo contiene la regulación del acceso a esas prestaciones asistenciales y sociales, sus requisitos y la extensión de ese derecho del artículo 41 de la Constitución. El texto refundido de la Ley General de la Seguridad Social, aprobado por el Real Decreto Legislativo 8/2015, de 30 de octubre, ha sido modificado por el Real Decreto-Ley 3/2021, de 2 de febrero, por el que se adoptan medidas para la reducción de la brecha de género y otras materias en los ámbitos de la Seguridad Social y económico.

El sistema de Seguridad Social, que regula la anterior norma, se crea para asegurar a determinadas personas y sus familiares a cargo una protección frente a situaciones de necesidad que puedan sufrir. Según la ley, estas personas son las que se encuentran en su ámbito de aplicación si cumplen con determinados requisitos y, por extensión, a familiares o asimilados que estén a su cargo.

A esta protección acceden esas personas porque contribuyen con el pago de cuotas a la Seguridad Social (modalidad contributiva), o bien, aunque no hayan realizado estas aportaciones económicas por determinadas circunstancias, el sistema les asiste (modalidad no contributiva).

Estarán comprendidos en el sistema de la Seguridad Social, a efectos de las prestaciones contributivas, cualquiera que sea su sexo, estado civil y profesión, los españoles que residan en España y los extranjeros que residan o se encuentren legalmente en España, siempre que, en ambos supuestos, ejerzan su actividad en territorio nacional y estén incluidos en alguno de los apartados siguientes:

1. Trabajadores por cuenta ajena.

2. Trabajadores por cuenta propia o autónomos, sean o no titulares de empresas individuales o familiares, mayores de dieciocho años.

3. Socios trabajadores de cooperativas de trabajo asociado.

4. Estudiantes.

5. Funcionarios públicos, civiles y militares.

Y es en este punto en el que la Seguridad Social interviene en relación con el contrato de trabajo, en concreto, en la asistencia mediante la modalidad contributiva. Así, cualquier trabajador y el empresario por cuya cuenta trabaje, contribuirán al sostenimiento de este sistema.

El trabajador lo hace con parte o porcentaje legalmente establecido de su retribución o remuneración y el empresario abona a la Seguridad Social otra parte; es lo que se conoce por cotización.

La obligación de cotizar surge desde el primer día de comienzo de la actividad laboral. Así, los trabajadores ceden un porcentaje de sus salarios, que les deduce mensualmente el empresario y que tiene su reflejo en el recibo de salarios o nómina. Por su parte, el empresario debe pagar también mensualmente un porcentaje calculado sobre las retribuciones reflejadas en la nómina del trabajador. Las cantidades sobre las que se calculan ambos porcentajes se denominan bases de cotización y la cifra resultante de aplicarles estos porcentajes son las cuotas.

Las aportaciones económicas a las que nos hemos referido en el apartado anterior se ingresan en la Tesorería General de la Seguridad Social. Al realizar esta tarea, los empresarios que empleen a trabajadores colaboran con la Seguridad Social en la recaudación de las cuotas; esta colaboración no es voluntaria para las empresas, que además deben realizar una serie de trámites administrativos, en su mayoría de forma telemática y obligatoria para empresarios, a través del sistema RED (remisión electrónica de datos) y, dentro de este, el sistema de liquidación directa, o bien, para los autónomos, la realización de esos trámites a través del sistema RED o la Sede Electrónica de la Seguridad Social.

Desde el año 2019, está disponible para las empresas un servicio electrónico de información que se lleva a cabo por el INSS, mediante el que estas pueden conocer las variaciones que experimenten las prestaciones de Seguridad Social reconocidas a sus trabajadores, tanto subsidios como otras que afecten a los contratos de trabajo o a las obligaciones empresariales con la Seguridad Social. La utilidad de este servicio es, fundamentalmente, la fácil incorporación de los datos proporcionados a las aplicaciones informáticas de gestión de nóminas de las empresas, lo que facilita el cumplimiento de las obligaciones del empresario con la Seguridad Social.

En paralelo a las obligaciones económicas del empresario con la Seguridad Social durante la relación laboral, existen para este unos deberes de carácter formal, es decir, de comunicación de datos. En concreto, todo lo relativo a afiliaciones, altas y bajas en la Seguridad Social de los trabajadores con los que tiene vigente un contrato de trabajo:

a) La afiliación. Consiste en dar de alta en el sistema de protección de la Seguridad Social a los trabajadores que prestan servicios por primera vez en su vida laboral o la del propio empresario que, también por primera vez, vaya a ocupar personas incluidas en el ámbito del sistema de la Seguridad Social.

    Es un trámite único por trabajador, pues solo se hace una vez, ya que esta inscripción es para toda la vida de la persona. A partir de la afiliación, la Seguridad Social asigna un código o número de afiliación al solicitante, que, al igual que el número y letra del NIF, no se modifica.

    La afiliación la realiza la empresa para la que el trabajador comienza, simultáneamente, a prestar servicios y a entrar la vida laboral activa. Si la empresa no cumpliera con esta obligación, puede solicitarlo el trabajador o la Seguridad Social lo realizará de oficio.

    Con respecto al empresario, cuya actividad tenga o no ánimo de lucro, debe realizar el trámite de inscripción de la empresa en la Seguridad Social, para poner en conocimiento de la Tesorería General de la Seguridad Social (en adelante, TGSS) el inicio de su actividad como empresario y, en el mismo acto, solicitar su inclusión en el Régimen General de la Seguridad Social. En esta inscripción debe optar por la entidad que cubrirá las posibles contingencias profesionales de los trabajadores a su servicio (entidad gestora de la Seguridad Social o entidad colaboradora con la Seguridad Social, como las Mutuas de Accidentes de Trabajo y Enfermedades Profesionales), así como la prestación económica en caso de que estos se puedan encontrar en una situación de incapacidad laboral.

    Efectuada la solicitud de inscripción, la Tesorería General de la Seguridad Social asigna un código numérico a la empresa, para identificarlo en el Régimen que corresponda en el Sistema de Seguridad Social. Este código numérico se conoce como Código de Cuenta de Cotización (CCC).

b) Altas o bajas. Una vez realizada la afiliación de un trabajador, la empresa debe realizar la correspondiente alta o baja en la Seguridad Social. Esto es, cuando una empresa contrata a un trabajador previamente afiliado, comunica el momento en que va a comenzar a prestar sus servicios en dicha empresa (alta). El empresario está obligado a mantener en la situación de alta a sus trabajadores hasta que se extinga la relación laboral.

La desvinculación del trabajador por cualquier motivo de la citada empresa hace surgir para la empresa la obligación de comunicar la baja en el sistema.

2.1.3. En materia de seguridad y salud laboral

El artículo 40.2 de la Constitución española de 1978 establece que: "Asimismo, los poderes públicos fomentarán una política que garantice la formación y readaptación profesionales; velarán por la seguridad y salud en el trabajo y garantizarán el descanso necesario, mediante la limitación de la jornada laboral, las vacaciones periódicas retribuidas y la promoción de centros adecuados".

Para cumplir este mandato constitucional, los poderes públicos intervienen en momentos previos al contrato de trabajo, durante su vigencia y posteriormente, de diversas formas.

Una de estas formas de control es asegurar que se cumplen las normas relativas a las condiciones en las que se debe realizar la prestación de servicios por parte de los trabajadores, como garantía y protección a la parte más débil en esta relación.

Por ello, existen a nivel estatal dos organismos que tienen la misión de control del cumplimiento de las normas de prevención de riesgos laborales y de la promoción y mejora de las condiciones laborales, con competencias sancionadoras para las empresas en las que no se lleven a cabo. Estos son:

1) **Organismo Estatal Inspección de Trabajo y Seguridad Social:** es la organización administrativa responsable del control y vigilancia del cumplimiento de las normas laborales. Como consecuencia, está habilitada para exigir las posibles responsabilidades administrativas en que puedan incurrir empresas y trabajadores, así como para proporcionar el asesoramiento e información a los mismos en materia laboral y de Seguridad Social. Su régimen jurídico se contiene en la Ley 23/2015, de 21 de julio, Ordenadora del Sistema de Inspección de Trabajo y Seguridad Social. Las competencias que atribuye la ley a los Inspectores de Trabajo y Seguridad Social giran en torno a las siguientes funciones:

1) De vigilancia y exigencia del cumplimiento de las normas legales, reglamentarias y del contenido de los acuerdos y convenios colectivos.

2) De asistencia técnica y de información a las empresas cuando ejerzan la función inspectora, especialmente a las pequeñas y medianas empresas, para facilitarles un mejor cumplimiento de la normativa laboral.

3) De conciliación, mediación y arbitraje en huelgas y otros conflictos laborales, cuando lo soliciten o acepten expresamente las partes en conflicto.

El artículo 13 de la mencionada ley establece las prerrogativas que tienen los Inspectores de Trabajo y Seguridad Social para poder realizar su actividad de vigilancia:

«En el ejercicio de sus funciones, los inspectores de Trabajo y Seguridad Social tienen el carácter de autoridad pública y están autorizados para:

1. Entrar libremente en cualquier momento y sin previo aviso en todo centro de trabajo, establecimiento o lugar sujeto a inspección y a permanecer en el mismo. Si el centro sometido a inspección coincidiese con el domicilio de una persona física, deberán obtener su expreso consentimiento o, en su defecto, la oportuna autorización judicial.

   Al efectuar una visita de inspección, deberán identificarse documentalmente y comunicar su presencia al empresario o a su representante o persona inspeccionada, a menos que consideren que dicha identificación y comunicación puedan perjudicar el éxito de sus funciones.

2. Hacerse acompañar en las visitas de inspección por el empresario o su representante, los trabajadores, sus representantes y por los peritos y técnicos de la empresa o de sus entidades asesoras que estimen necesario para el mejor desarrollo de la función inspectora, así como por peritos o expertos pertenecientes a la Administración u otros habilitados oficialmente. [...]

4) Practicar cualquier diligencia de investigación, examen, reconstrucción o prueba que consideren necesario para realizar la función prevista [...]».

Como podemos comprobar en la ley, la Inspección de Trabajo está facultada para realizar una serie de actuaciones, tanto preventivas como correctoras o sancionadoras, a través de dos instrumentos:

• Los denominados requerimientos de cumplimiento de cualquier normativa laboral o de Seguridad Social vigente.

- La elaboración de actas de infracción para la imposición de sanciones, actas de liquidación de cuotas de Seguridad Social.

De forma más detallada, podemos decir que los ámbitos de actuación de este organismo afectan a las siguientes materias:

a) Ordenación del trabajo y relaciones sindicales.

b) Prevención de riesgos laborales.

c) Normas en materia de campo de aplicación, inscripción, afiliación, altas y bajas de trabajadores, cotización y recaudación de cuotas del Sistema de la Seguridad Social.

d) Normas sobre obtención y disfrute de prestaciones del sistema de la Seguridad Social, así como de las mejoras voluntarias u otros sistemas complementarios o voluntarios establecidos en convenios colectivos.

e) Normas sobre colaboración en la gestión de la Seguridad Social.

f) Normas en materia de colocación, empleo y protección por desempleo; emigración, movimientos migratorios y trabajo de extranjeros; formación profesional ocupacional y continua; empresas de trabajo temporal, agencias de colocación y planes de servicios integrados de empleo.

La Inspección de Trabajo y Seguridad Social colaborará con las Administraciones Públicas y, en especial, con la autoridad laboral, entidades gestoras y servicios comunes de la Seguridad Social y con la Administración Tributaria, a los que facilitará las informaciones necesarias que le requieran para cumplir con su función.

Cuando, como consecuencia de su labor, detecten ciertos incumplimientos, deberán:

- Comunicar a los Organismos competentes los incumplimientos que se comprueben en la aplicación y destino de ayudas y subvenciones para el fomento de empleo, formación profesional ocupacional y promoción social.

- Formular demandas de oficio ante la jurisdicción de lo Social de acuerdo con la normativa aplicable.

La Inspección de Trabajo y Seguridad Social actuará de oficio siempre, como consecuencia de:

- Una orden de servicio derivada de planes o programas de inspección.

- A petición razonada de otros órganos.

- Una denuncia.

- Por iniciativa propia de los Inspectores de Trabajo y Seguridad Social, conforme a criterios de eficacia y oportunidad.

Las sanciones que se pueden imponer se encuentran recogidas en el Real Decreto Legislativo 5/2000, de 4 de agosto, por el que se aprueba el texto refundido de la Ley sobre Infracciones y Sanciones en el Orden Social.

La Ley 23/2015, de 21 de julio, Ordenadora del Sistema de Inspección de Trabajo y Seguridad Social amplía el ámbito de actuación de la Inspección de Trabajo a locales, viviendas u otros lugares habilitados, aun cuando no se encuentren en las empresas, centros y lugares de trabajo en que se ejecute la prestación laboral, en los que residan, se alojen o puedan permanecer los trabajadores por razón de su trabajo durante los periodos de descanso, y hayan sido puestos a disposición de los mismos por el empresario, en cumplimiento de una obligación prevista en una norma legal, convenio colectivo o contrato de trabajo.

2) **El Instituto Nacional de Seguridad y Salud en el Trabajo (INSST):**

El originariamente denominado en la Ley 31/1995, de 8 de noviembre, de prevención de Riesgos Laborales, Instituto de Seguridad e Higiene en el Trabajo y, posteriormente, Instituto Nacional de Seguridad, Salud y bienestar en el Trabajo, a partir de 2018 se conoce como Instituto Nacional de Seguridad y Salud en el Trabajo.

El Instituto Nacional de Seguridad y Salud en el Trabajo tiene la misión de promocionar y apoyar la mejora de las condiciones de seguridad y salud en el trabajo, que son, básicamente, las funciones que le encomienda la Ley 31/1995, de 8 de noviembre, de prevención de Riesgos Laborales, modificada y actualizada por la Ley 54/2003, de 12 de diciembre, de reforma del marco normativo de la prevención de riesgos laborales.

El Instituto, en cumplimiento de esta misión, tendrá las siguientes funciones:

- Promocionar y realizar actividades de formación, información, investigación, estudio y divulgación en materia de prevención de riesgos laborales.

- Proporcionar apoyo técnico y colaboración con la Inspección de Trabajo y Seguridad Social en el cumplimiento de su función de vigilancia y control.

- Colaborar con organismos internacionales y desarrollo de programas de cooperación internacional en este ámbito, facilitando la participación de las comunidades autónomas.

- Velar por la coordinación, apoyar el intercambio de información y las experiencias entre las distintas Administraciones Públicas y, especialmente, fomentar y prestar apoyo a la realización de actividades de promoción de la seguridad y de la salud por las comunidades autónomas.

- Prestar, de acuerdo con las Administraciones competentes, apoyo técnico especializado en materia de certificación, ensayo y acreditación.

- Actuar como Centro de Referencia Nacional en relación con las Instituciones de la Unión Europea, garantizando la coordinación y transmisión de la información que facilita a escala nacional, en particular respecto a la Agencia Europea para la Seguridad y Salud en el Trabajo y su Red.

- Realizar auditorías de la forma que se adapta la legislación preventiva a la Administración General del Estado.

- Desarrollar y actualizar las denominadas Guías Técnicas específicas, como complemento imprescindible de la normativa de prevención y que facilitan la aplicación de estas en las empresas.

A nivel autonómico existen una serie de organismos técnicos que, dentro de las Consejerías con competencias en materia de empleo, realizan en su ámbito territorial las funciones relativas a la seguridad y salud laboral, y que están centradas en los riesgos laborales de las actividades profesionales que se desarrollan en su territorio.

2.1.4. Documentación y trámites previos al inicio de la relación laboral

La función de control y vigilancia de la Administración sobre las condiciones laborales, como dijimos anteriormente, también se realiza previamente a que se formalice el contrato de trabajo. El empresario que va a suscribir un contrato de trabajo con un trabajador tiene que realizar los siguientes trámites con anterioridad:

1. La inscripción de la empresa en la Seguridad Social, en el caso de que sea la primera vez que la empresa va a contratar a trabajadores, solicitando esta a la Administración de la Tesorería General de la Seguridad Social más próxima al domicilio donde se va a ejercer la actividad o, si se tiene certificado digital, de forma telemática.

A través de esta formalidad, como ya hemos mencionado en el apartado 2.1.2, el empresario obtiene el denominado Código de Cuenta de Cotización, que lo identifica para todos los trámites que realice en la Seguridad Social. En el caso de que la actividad de la empresa se realice en otras provincias, solicitará un Código de Cuenta de Cotización para cada una de ellas.

La solicitud de inscripción también es obligada para la persona que va a emplear a trabajadores que deben acogerse al Régimen Especial de Empleados de Hogar.

Esta solicitud será previa al inicio de la actividad para lo que se cumplimentará el modelo TA.6, o en el modelo TA.7 en el caso de que haya que inscribir la empresa en otra u otras provincias, y finalmente, en el caso de emplear a un trabajador del Régimen Especial de Empleados de Hogar, en el modelo TA.6-0138_HOGAR. Los empresarios cuyas empresas realicen actividades encuadradas en distintos regímenes de la Seguridad Social, deberán solicitar un Código de Cuenta de Cotización por cada uno de ellos.

Junto a la solicitud, se debe aportar la siguiente documentación:

a) En el caso de que se trate de un empresario individual:

- Documento identificativo del titular de la empresa, empresario individual o titular del hogar familiar.

- Documento emitido por el ministerio con competencias en la Hacienda pública asignando el Número de Identificación Fiscal en el que conste la actividad económica de la empresa (no se requiere este documento para el Sistema Especial de Empleados del Hogar).

b) En el caso de que se trate de un empresario colectivo o sociedad española:

- Los documentos exigidos al empresario individual.

- Escritura de constitución de la sociedad debidamente registrada o certificado del Registro correspondiente (Libro de Actas en el caso de Comunidades de Propietarios).

- Fotocopia del DNI de quien firma la solicitud de inscripción.

- Documento que acredite los poderes del firmante, si no están especificados en la escritura.

Una vez efectuada la inscripción de la empresa en la Seguridad Social, si se produjera con posterioridad una variación de los datos inicialmente comunicados a la Tesorería General de la Seguridad Social, esos cambios (como, por ejemplo, el cambio de denominación, el cambio de la entidad que cubre las contingencias profesionales, el cambio de actividad económica y, por supuesto, la extinción de la empresa o su cese temporal o definitivo) deberán también comunicarse al mismo organismo para su actualización. Tanto las variaciones de datos como la extinción o cese se comunicarán en el modelo TA.7 en el plazo de seis días naturales siguientes a aquel en que se produzcan, ante la Dirección Provincial de la TGSS o Administración de la misma en la que se formuló la inscripción.

2. La solicitud de afiliación de trabajadores, en el supuesto de que sea la primera vez que son contratados, tiene como objetivo la obtención de número de la Seguridad Social, que es un código vitalicio que identifica al trabajador en el sistema.

Esta solicitud debe ser anterior a la solicitud de alta, que trataremos a continuación.

La afiliación es obligatoria y única para todos los regímenes del sistema, a efectos de derechos y obligaciones en su modalidad contributiva del sistema de Seguridad Social y se solicita a través del modelo TA.1. Esto significa que, aunque el trabajador en su trayectoria profesional se incluya en regímenes distintos de la Seguridad Social, solo ha de afiliarse la primera vez que sea contratado.

La Tesorería General de la Seguridad Social, al proceder a la afiliación de un trabajador, le asigna un Número de Seguridad Social para la identificación del mismo en sus relaciones con la misma.

El obligado a realizar la afiliación es el empresario que contrata a una persona que va a suscribir un contrato de trabajo por primera vez.

En caso de que este obligado incumpla con su deber de afiliación, lo solicitará el propio trabajador, así como también, obviamente, en caso de que el trabajador lo sea por cuenta propia y no esté afiliado.

La afiliación también puede realizarse por iniciativa de la propia Tesorería General de la Seguridad, llamada afiliación de oficio, como consecuencia de la actividad de la Inspección de Trabajo o derivada de los datos que tengan en su poder entidades gestoras y se compruebe el incumplimiento de la obligación de la solicitud de afiliación en trabajadores en activo.

También existen unos trámites comunes a cualquier contratación y que son los siguientes:

3. Alta del trabajador: se solicita para comunicar a la Seguridad Social que el trabajador está en activo, que está prestando servicios a partir de esa fecha en la empresa y como consecuencia, que a partir de entonces surgen unos deberes para el empresario y trabajador con la Seguridad Social.

Como novedad, desde el 1 de enero de 2024, todos los alumnos universitarios y de formación profesional que realicen prácticas formativas o prácticas académicas externas, sean o no remuneradas, incluidas en programas de formación, cotizan a la Seguridad Social. Con anterioridad solo existía esta obligación si las prácticas eran retribuidas por la empresa.

Estos alumnos se considerarán asimilados a trabajadores por cuenta ajena en el Régimen General de la Seguridad Social, salvo que la práctica o formación se realice a bordo de embarcaciones, en cuyo caso la inclusión se producirá en el Régimen Especial de la Seguridad Social de los Trabajadores del Mar.

La acción protectora será la correspondiente al régimen de Seguridad Social aplicable, excluyendo de esta la protección por desempleo, la cobertura del Fondo de Garantía Salarial y por Formación Profesional. En caso de que las prácticas no sean remuneradas se excluirá también la protección por la prestación de incapacidad temporal derivada de contingencias comunes.

Esta solicitud debe presentarla y firmarla el empresario, con la excepción del Sistema Especial para Empleados de Hogar, en que esta obligación la puede asumir, de mutuo acuerdo, el trabajador que realice una actividad laboral inferior a 60 horas al mes por empleador.

Se realizará previamente, como máximo 60 días antes de la fecha en la que vaya a comenzar la relación laboral y aunque se realice con antelación; este acto surtirá efecto a partir del día en que comiencen a prestarse efectivamente los servicios en la empresa.

Se realizará mediante la presentación del impreso TA.2/S o TA.2/S-Simplificado y, en el caso de que se contrate a una persona como empleado de hogar, en el impreso TA.2/S-0138 y siempre por el sistema de remisión electrónica de datos (sistema RED), salvo en el Sistema Especial para Empleados de Hogar en el que se puede presentar, además, a través de la Sede Electrónica.

La solicitud de alta en la Seguridad Social contendrá fundamentalmente los siguientes datos:

- Nombre o razón social del empresario que promueve el alta.

- Código de Cuenta de Cotización del empresario.

- Régimen de Seguridad Social.

- Apellidos y nombre del trabajador.

- Número de Seguridad Social del trabajador.

- DNI del trabajador.

- Domicilio del trabajador.

- Fecha de inicio de la actividad.

- Grupo de cotización.

- Tipo de contrato y coeficiente de jornada en su caso.

- Ocupación.

4. Baja y variaciones de datos del trabajador: el empresario debe también comunicar el cese de la relación laboral en el plazo de tres días naturales desde que se produzca el final del contrato de trabajo. En este caso, la obligación de la cotización del empresario finalizará el día del cese del contrato.

   Las variaciones en los datos del trabajador son las que afectan a las condiciones de trabajo, como tipo de contrato, grupo de cotización, coeficiente de jornada laboral, etc. Debe presentarse en el modelo TA.2 en el plazo de tres días naturales siguientes a la fecha en la que se produzca la variación y debe ir firmada también por el trabajador afectado.

5. Registro y comunicación del contrato de trabajo: en el plazo de 10 días hábiles siguientes desde la firma del contrato, el empresario debe remitir una de las copias a los Servicios Públicos de Empleo para su registro.

   En caso de que los contratos no se formalicen por escrito, el empresario queda igualmente obligado a comunicar en el mismo plazo el contrato efectuado.

   La información contenida en la copia del contrato de trabajo se regirá por el Reglamento (UE) 2016/679 del Parlamento Europeo y del Consejo, de 27 de abril de 2016 (Reglamento General de Protección de Datos) y la Ley Orgánica 3/2018, de 5 de diciembre, de Protección de Datos Personales y garantía de los derechos digitales.

   Por otra parte, el empresario deberá comunicar al Servicio Público de Empleo de su comunidad autónoma los contratos de trabajo que celebre con el trabajador, así como sus prórrogas.

   El Real Decreto 1424/2002, de 27 de diciembre, por el que se regula la comunicación del contenido de los contratos de trabajo y de sus copias básicas a los Servicios Públicos de Empleo, y el uso de medios telemáticos en relación con aquella, establece en el artículo 4 que: «Los Servicios Públicos de Empleo están obligados a incorporar a la base de datos del Servicio Público de Empleo Estatal, compartida con dichos Servicios Públicos, todos los datos definidos como obligatorios por el Ministerio de Trabajo y Asuntos Sociales respecto de las comunicaciones a las que se hace referencia en el apartado 1 del artículo 1 y en el artículo 3 del presente Real

Decreto». Estas comunicaciones son el contenido de los contratos de trabajo que celebren o las prórrogas de estos.

Una vez conocidos por el Servicio Público de Empleo de la comunidad autónoma esos datos, el artículo 4.2 del Real Decreto 1424/2002, les impone la siguiente obligación: «Los Servicios Públicos de Empleo incorporarán a sus bases de datos la información procedente de las copias básicas de los contratos de trabajo, enviadas o remitidas por los empresarios o por quienes legalmente les representen, cuando estos utilicen la modalidad de transmisión prevista en el capítulo II del presente Real Decreto». Se refiere a los medios telemáticos de comunicación.

La empresa tiene que comunicar el contenido íntegro del contrato de trabajo, las prórrogas de los mismos, modificaciones, etc. Asimismo, tiene que presentar la copia básica del contrato, exista o no representación legal de los trabajadores. La copia básica contendrá todos los datos del contrato de trabajo, a excepción del número del documento nacional de identidad, domicilio, estado civil y cualquier otro que pudiera afectar a la intimidad personal del interesado.

La comunicación de los contratos de trabajo únicamente se puede realizar a través de la aplicación Contrat@ del SEPE.

6. Ingreso de cuotas de cotización, es decir, de las aportaciones económicas que deben realizar el trabajador y el empresario a la Seguridad Social, mensualmente.

El ingreso de las cuotas se hará en las entidades financieras autorizadas a ser oficinas recaudadoras y durante el mes siguiente a su devengo.

Se debe remitir por el empresario a la Tesorería General de la Seguridad Social un documento denominado Relación Nominal de Trabajadores (TC-2/4) a través de la Remisión Electrónica, informática o telemática de Documentos o Sistema RED. Al hacerlo de forma telemática, el sistema permite pagar las cuotas mediante pago electrónico o domiciliación bancaria, es decir, cumplir con la obligación de comunicación y pago en una única actuación.

Con anterioridad al año 2014, el empresario debía cumplimentar una serie de modelos oficiales mensualmente, para transmitir a la Tesorería de la Seguridad Social el importe de las cuotas a ingresar y una relación con datos relativos a los trabajadores que trabajaban en la empresa y sus bases de cotización.

Desde ese año, no es necesario que el empresario calcule el total de la cotización de los trabajadores, ni la cantidad a liquidar, ya que la Seguridad

Social envía un borrador *online*. El Estatuto de los Trabajadores, en su artículo 42, añade una nueva obligación a las empresas que contraten o subcontraten con otras la realización de obras o servicios, estas deberán comprobar que dichas contratistas están al corriente en el pago de las cuotas de la Seguridad Social. Para ello, solicitarán a la TGSS una certificación negativa por descubiertos. La empresa principal, durante los tres años siguientes a la terminación de su encargo, responderá solidariamente de las obligaciones referidas a la Seguridad Social contraídas por contratistas y subcontratistas durante el periodo de vigencia de la contrata.

2.2. El contrato de trabajo. Concepto y clases. Subvenciones, exenciones y/o reducciones en la contratación laboral

Un contrato, genéricamente hablando, es un acuerdo de voluntades que se genera entre dos partes, y que da lugar al nacimiento de derechos y obligaciones para ambas partes; por ejemplo, un contrato de arrendamiento entre arrendatario y arrendador, un contrato de suministro eléctrico, entre el usuario y la compañía eléctrica, un contrato de compraventa entre vendedor y comprador.

Pues bien, de la misma forma, podemos definir contrato de trabajo como un acuerdo de voluntades entre un trabajador y un empresario, a través del cual surgen derechos y obligaciones para las dos partes, ya que el empresario fundamentalmente entrega una remuneración al trabajador a cambio de la prestación laboral que realiza este.

El artículo 1.1 del Real Decreto Legislativo 2/2015, de 23 de octubre, por el que se aprueba el texto refundido de la Ley del Estatuto de los Trabajadores, establece que esta ley será de aplicación a quienes voluntariamente presten sus servicios por cuenta y dentro del ámbito de organización y dirección de otra persona física o jurídica, mediante una retribución. Esta es una forma de definir lo que es un contrato de trabajo.

Según el artículo 1.3 de la citada norma, aunque se realicen trabajos en las prestaciones que se enumeran a continuación, no se considera que existe un contrato de trabajo:

1) La relación de servicio de los funcionarios públicos, que se regirá por las correspondientes normas legales y reglamentarias, así como el personal que está al servicio de las Administraciones Públicas y demás entes, organismos y entidades del sector público, cuando dicha relación se regule

por normas de derecho administrativo o por un estatuto de los trabajadores específico para ese colectivo.

2) Las prestaciones personales obligatorias que se realizan por imposición legal o exigencia pública. Por ejemplo, en la situación de emergencia sanitaria provocada en nuestro país por la COVID-19, el Gobierno de La Rioja impuso una prestación personal obligatoria para los estudiantes de cuarto curso de Enfermería, consistente en el auxilio sanitario a la población, que se desarrollaría en calidad de apoyo y bajo supervisión de un profesional sanitario.

3) El ejercicio única y exclusivamente del desempeño del cargo de consejero o miembro de los órganos de administración de empresas constituidas como sociedades.

4) Los trabajos realizados a título de amistad, benevolencia o buena vecindad.

5) Los trabajos familiares, salvo que se demuestre la condición de asalariados de quienes los llevan a cabo. Se considerarán familiares, a estos efectos, siempre que convivan con el empresario el cónyuge, los descendientes, ascendientes y demás parientes por consanguinidad o afinidad, hasta el segundo grado inclusive y, en su caso, por adopción.

6) La actividad de las personas que intervengan en operaciones mercantiles por cuenta de uno o más empresarios, siempre que queden personalmente obligados a responder del buen fin de la operación asumiendo el riesgo de la misma. Podemos poner como ejemplo la actividad de los comisionistas, que son intermediarios entre dos empresas o entidades y que se rigen por el derecho mercantil.

Los requisitos necesarios para que exista el contrato de trabajo son:

a. El objeto: el objeto del contrato de trabajo tiene una faceta doble, por parte del trabajador sería la prestación del trabajo y, por parte del empresario, el pago de la retribución acordada.

Aunque el Real Decreto Legislativo 2/2015, de 23 de octubre, por el que se aprueba el texto refundido de la Ley del Estatuto de los Trabajadores no establece ninguna regulación específica respecto al objeto del contrato, siempre se deben aplicar los principios del Código Civil que rigen los contratos, según los cuales, el objeto de cualquier contrato siempre deberá ser: posible, lícito y determinado, es decir, no se puede contratar a alguien para realizar un imposible, como trabajar en la Luna, ni para un fin ilícito, como vender sustancias estupefacientes, ni para realizar un trabajo indeterminado, es decir, que el trabajador no sepa en qué va a consistir.

b. El consentimiento: supone la aceptación de ambas partes de las cláusulas del contrato, de forma libre y consciente. No sería válido ningún contrato y, por tanto, tampoco el de trabajo, si se hubiese empleado la violencia o se hubiesen utilizado engaños para obligar a una de las partes a firmar.

c. La causa: es la razón por la cual se acuerda dicho contrato; supone la voluntad de que se produzca el intercambio a que da lugar este contrato: la prestación laboral a cambio del salario pactado.

Las partes en el contrato de trabajo son:

A. El empresario: establece el artículo 1.2 del Real Decreto Legislativo 2/2015, de 23 de octubre, por el que se aprueba el texto refundido de la Ley del Estatuto de los Trabajadores que se considera empresario, tanto una persona física como una persona jurídica, así como las comunidades de bienes y las empresas de trabajo temporal que se hayan constituido conforme a la normativa vigente.

B. El trabajador: como regla general, puede obligarse por un contrato de trabajo a cualquier persona mayor de 16 años. Por debajo de esta edad no está permitido el trabajo, salvo en espectáculos públicos de forma excepcional y previamente autorizados por el organismo competente, siempre que este trabajo no suponga peligro para la salud ni para la formación profesional y humana del menor. El permiso deberá constar por escrito y para actos determinados.

Para la formalización del contrato existen otras limitaciones legales, relativas a la capacidad para contratar:

- El trabajador puede formalizar un contrato de trabajo siempre que sea mayor de edad y tenga capacidad plena de obrar.

- Si es menor de 18 años, pero se encuentra emancipado judicialmente o vive de forma independiente con el permiso de sus padres o tutores, se encuentra legalmente capacitado para firmar por él mismo el contrato de trabajo. En caso de que no se cumplan estas condiciones, el contrato debe tener el consentimiento de los padres o tutores legales.

- En cuanto a la celebración de contratos de trabajo con trabajadores extranjeros, se estará a lo dispuesto en la legislación específica sobre la materia.

Ejemplo: menor que aparece en un anuncio televisivo o en una serie de televisión.

En cuanto a la forma del contrato de trabajo, se establece en el artículo 8 del Real Decreto Legislativo 2/2015, de 23 de octubre, por el que se aprueba el texto refundido de la Ley del Estatuto de los Trabajadores, que el contrato de trabajo puede celebrarse por escrito o de palabra, siendo igualmente válidos ambos. Para contrarrestar la dificultad de probar la existencia de un contrato de trabajo realizado de palabra, en el artículo citado se establece que: «Se presumirá existente entre todo el que presta un servicio por cuenta y dentro del ámbito de organización y dirección de otro y el que lo recibe a cambio de una retribución a aquel». Sin embargo, la ley obliga a que algunos contratos se formalicen obligatoriamente por escrito para mayor seguridad jurídica. Actualmente, el contrato de trabajo temporal se formalizará por escrito, aunque podrá ser verbal cuando se trate de un contrato por circunstancias de la producción y la duración del mismo sea inferior a cuatro semanas y a jornada completa.

También deberán constar por escrito los siguientes contratos:

- Contratos formativos.
- Contratos acogidos al programa de fomento del empleo, cuando así lo exija una disposición legal.
- Contratos de relevo.
- Contratos para la realización de una obra o servicio determinado.
- Contratos suscritos con trabajadores que trabajen a distancia, en el que deberá hacerse constar el lugar en que se realice la prestación.
- Contratos realizados en España a trabajadores al servicio de empresas españolas en el extranjero.
- Contratos por tiempo determinado cuya duración sea superior a cuatro semanas.
- Contratos de trabajo de los pescadores.

Como particularidades de ciertos contratos en relación a la formalización hay que destacar las siguientes:

- Cuando se formalice cualquier tipo de contrato con un trabajador con discapacidad, este se formalizará por escrito y en modelo oficial.
- En cualquier contrato celebrado a tiempo parcial deberá figurar el número de horas ordinarias de trabajo al día, a la semana, al mes o al año contratadas y su distribución. De no ser así, el contrato se presumirá celebrado a jornada completa, salvo prueba en contra que acredite el carácter parcial de los servicios y el número y distribución de las horas contratadas.

Hay que tener en cuenta que también tendrán que ser realizados por escrito siempre que así lo exija una disposición legal o siempre que cualquiera de las partes así se lo exija a la otra, incluso durante el transcurso de la relación laboral.

Si no se observase esta exigencia, es decir, si un contrato que debería realizarse por escrito se efectúa de forma oral, el contrato se considerará celebrado por tiempo indefinido y a jornada completa, salvo prueba en contrario que acredite su naturaleza temporal o la prestación parcial de sus servicios.

Hemos visto ya en apartados anteriores que, con el fin de comprobar la adecuación del contenido del contrato a la legalidad vigente, esta copia básica contendrá todos los datos del contrato a excepción del número del documento nacional de identidad o del número de identidad de extranjero, el domicilio, el estado civil, y cualquier otro que, de acuerdo con la Ley Orgánica 1/1982, de 5 de mayo, de protección civil del derecho al honor, la intimidad personal y familiar y a la propia imagen, pudiera afectar a la intimidad personal, así como respetando lo establecido respecto al tratamiento de la información facilitada que se establece en la Ley Orgánica 3/2018, de 5 de diciembre, de Protección de Datos Personales y garantía de los derechos digitales y el Reglamento Europeo de Protección de Datos, de 14 de abril de 2016, que entró en vigor en 2018.

La copia básica se entregará por el empresario, en plazo no superior a diez días desde la formalización del contrato, a los representantes legales de los trabajadores, quienes la firmarán a efectos de acreditar que se ha producido la entrega. Dicha copia básica se enviará a los Servicios Públicos de Empleo. Cuando no exista representación legal de los trabajadores también deberá formalizarse copia básica y remitirse a los Servicios Públicos de Empleo autonómicos, que incorporarán a la base de datos del SEPE, hasta que entre en funcionamiento la Agencia Española de Empleo, los datos considerados como obligatorios.

Con carácter general, en un contrato de trabajo debe constar:

- Identificación de las partes.

- La fecha de comienzo de la relación laboral y, si se trata de un trabajo temporal, el tiempo que se prevé que durará esta.

- El domicilio social de la empresa o, en su caso, el domicilio del empresario y el centro de trabajo donde el trabajador preste sus servicios habitualmente. Cuando el trabajador preste sus servicios de forma habitual en diferentes centros de trabajo o en centros de trabajo móviles o itinerantes, se harán constar estas circunstancias.

- El grupo profesional del puesto de trabajo que ocupará el trabajador.

- La cuantía del salario base inicial y de los complementos salariales, así como la periodicidad de su pago.

- La duración y la distribución de la jornada ordinaria de trabajo.

- La duración de las vacaciones.

- Los plazos de preaviso que estén obligados a respetar el empresario y el trabajador en el supuesto de extinción del contrato o, si no es posible facilitar este dato cuando se ha redactado el contrato, cómo se determinarán los plazos de preaviso.

- El convenio colectivo aplicable a la relación laboral.

Además de estos datos, los contratos de trabajadores que van a realizar su contrato en el extranjero por un tiempo superior a cuatro semanas deberán incluir:

- La duración del trabajo que vaya a prestarse en el extranjero.

- La moneda en que se pagará el salario.

- Las retribuciones en dinero o en especie, tales como dietas, compensaciones por gastos o gastos de viaje, y las ventajas vinculadas a la circunstancia de la prestación de servicios en el extranjero.

- Las condiciones de repatriación del trabajador.

- El contrato de trabajo podrá concertarse por tiempo indefinido o por una duración determinada, en función de lo establecido en el artículo 15 del Real Decreto Legislativo 2/2015, de 23 de octubre, por el que se aprueba el texto refundido de la Ley del Estatuto de los Trabajadores.

- Los trabajadores con contratos temporales y de duración determinada tendrán los mismos derechos que los trabajadores con contratos de duración indefinida, sin perjuicio de las particularidades específicas de cada una de las modalidades contractuales en materia de extinción del contrato y de aquellas expresamente previstas en la Ley, en virtud del artículo 15.6 del citado Real Decreto Legislativo.

- Tras la reforma laboral llevada a cabo mediante el Decreto-ley 32/2021, de 28 diciembre, de medidas urgentes para la reforma laboral, la garantía de la estabilidad en el empleo y la transformación del mercado de trabajo, se modificó el Estatuto de los Trabajadores, con el objetivo de que el contrato de trabajo que se celebre por regla general sea el contrato indefinido y, de esta manera, reducir la temporalidad que existe en el mercado laboral. Se eliminaron así los contratos de obra y servicio, los eventuales y de interinidad y los contratos en prácticas.

Las modalidades de contrato de trabajo se recogen en los artículos 10 a 13 de la Ley del Estatuto de los Trabajadores y son las siguientes:

1.º Trabajo en común y contrato de grupo.

2.º Contrato formativo.

3.º Contrato a tiempo parcial y contrato de relevo.

4.º Trabajo a distancia.

Antes de estudiar cada una de estas modalidades, vamos a hacer una clasificación general de los contratos en función de su duración, distinguiendo tres tipos de contrato: indefinido, de duración determinada y fijo-discontinuo.

1) **Contrato indefinido:**

Es aquel que, en el momento de celebración o formalización, no establece la fecha de término o finalización de la prestación de los servicios por parte del trabajador, es decir, no se determina el periodo de duración de este. Su formalización puede ser verbal o escrita, salvo en los que se estipule la obligación de forma escrita en la normativa que esté vigente, como puede ser en la actualidad el contrato indefinido con una persona con discapacidad, los contratos a tiempo parcial, fijos-discontinuos y de relevo, los de los trabajadores que trabajen a distancia y los contratados en España al servicio de empresas españolas en el extranjero.

En todo caso, como hemos mencionado anteriormente, cualquiera de las partes podrá exigir que el contrato se formalice por escrito incluso durante el transcurso de la relación laboral.

El contrato indefinido puede celebrarse a jornada completa, parcial o para la prestación de servicios fijos-discontinuos. Estos últimos son concertados para realizar trabajos que no se repitan en fechas ciertas, dentro del volumen normal de actividad en la empresa. Por ejemplo, trabajadores de hoteles que solo abren en ciertos periodos al año, en agricultura, en tiempos de cosecha o de siembra, el comercio en campañas navideñas o rebajas, etc. Se puede decir que los trabajadores tienen una relación indefinida con la empresa y tienen los mismos derechos que los que tienen un contrato indefinido, aunque no prestan servicios continuamente, solo en temporadas.

En este tipo de contratos, la especialidad reside en que esas temporadas no se pueden definir ni en su comienzo, ni en su final, pues la actividad de la empresa es intermitente o por ciclos y, además, no puede preverse la duración por la empresa de forma indefinida a lo largo del tiempo.

Los gobiernos, para fomentar la contratación indefinida, introducen incentivos a la contratación indefinida en ciertos colectivos de trabajadores, siempre que ambas partes del contrato reúnan unos determinados requisitos y de este modo reducir la alta tasa de temporalidad en el empleo.

Ponemos como ejemplos los que se conceden a empresas que contraten a desempleados de larga duración, a trabajadores en situación de exclusión social, etc.

2) **Contrato de duración determinada:**

Es aquel que tiene limitada su duración en el tiempo y finalizará la relación laboral cuando llegue ese término.

El contrato de trabajo temporal podrá celebrarse a jornada completa o parcial y se formalizará por escrito, salvo en el caso del contrato por circunstancias de la producción, si la duración de este es inferior a cuatro semanas y se celebra a jornada completa.

Si se incumple esta obligación de la forma escrita en los supuestos en que así lo exige la ley, el contrato se presumirá celebrado por tiempo indefinido y a jornada completa, salvo prueba en contra que acredite su naturaleza temporal o el carácter a tiempo parcial de los servicios.

Al igual que en los contratos indefinidos, cualquiera de las partes puede exigir que se formalice por escrito, aunque ya esté comenzada la relación laboral.

Los trabajadores temporales pueden convertirse en fijos si la empresa que los contrató no les dio de alta en la Seguridad Social, una vez transcurrido el periodo legal de prueba, salvo que quede acreditado que por la naturaleza de las actividades que se realizan en la empresa, estas sean, sin ningún lugar a duda, temporales.

También se considerarán que son indefinidos si se prueba que se celebraron en fraude de ley.

Los empresarios deben notificar a los representantes legales de los trabajadores en las empresas los contratos realizados de acuerdo con las modalidades de contratación por tiempo determinado previstas cuando no exista obligación legal de entregar copia básica de los mismos.

Dentro de los contratos de trabajo temporales, existen algunos con unas características especiales que se contendrán en sus cláusulas.

Tras la reforma del Estatuto de los Trabajadores, existen dos causas que permiten celebrar este tipo de contratos:

A. Contrato temporal por circunstancias de la producción:

Su regulación está en el artículo 15.2 en el que se explica qué se entiende por circunstancias de la producción. Según este artículo, la justificación de la temporalidad en esta relación laboral se debe a:

1) «[...] un incremento ocasional e imprevisible de la actividad y las oscilaciones que, aun tratándose de la actividad normal de la empresa, generan un desajuste temporal entre el empleo estable disponible y el que se requiere, siempre que no respondan a los supuestos incluidos en el artículo 16.1» (contratos fijos-discontinuos).

   Al hablar el artículo 15.1 de las oscilaciones en la actividad, incluye la situación relativa a las vacaciones anuales de la plantilla de la empresa.

   La duración de este contrato no podrá ser superior a seis meses, aunque por el convenio colectivo de ámbito sectorial se podrá ampliar hasta un año. En caso de que el contrato se hubiera concertado por una duración inferior a la máxima legal o convencionalmente establecida, podrá prorrogarse una sola vez si las partes lo acuerdan y con el límite de que no puede exceder de la duración máxima fijada.

2) «[...] situaciones ocasionales, previsibles y que tengan una duración reducida y delimitada en los términos previstos en este párrafo. Las empresas solo podrán utilizar este contrato un máximo de noventa días en el año natural, independientemente de las personas trabajadoras que sean necesarias para atender en cada uno de dichos días las concretas situaciones, que deberán estar debidamente identificadas en el contrato».

B. Contrato de «[...]duración determinada para la sustitución de una persona trabajadora con derecho a reserva de puesto de trabajo, siempre que se especifique en el contrato el nombre de la persona sustituida y la causa de la sustitución».

   En este contrato podemos encontrarnos tres supuestos para que se produzca la sustitución:

1) Ausencia legal de la persona que se sustituye: en estos contratos, la persona contratada puede iniciar su prestación de trabajo en la empresa con anterioridad a la ausencia de la persona sustituida, es decir, pueden realizar la prestación de servicios de forma simultánea el tiempo imprescindible para garantizar que la persona sustituta desempeñará el puesto de forma adecuada, aunque,

como máximo, durante quince días. Un ejemplo puede ser cuando la persona se ausenta con un permiso por paternidad.

2) Reducción legal de la jornada de la persona sustituida: asimismo, el contrato de sustitución podrá concertarse para completar la jornada reducida por otra persona trabajadora, cuando dicha reducción se ampare en causas legalmente establecidas o reguladas en el convenio colectivo y se especifique en el contrato el nombre de la persona sustituida y la causa de la sustitución. Por ejemplo, la reducción por guarda legal de un menor de 12 años.

3) Proceso de selección o promoción de un puesto de trabajo vacante para su cobertura fija: podrá ser también celebrado para la cobertura temporal de este puesto, por un tiempo máximo de tres meses o el plazo que se establezca en el convenio colectivo.

El Estatuto de los Trabajadores establece para las empresas el deber de informar a los trabajadores con contrato temporal de la existencia en esta de puestos de trabajo vacantes para que puedan acceder a puestos permanentes que deban ser cubiertos en la empresa.

El Estatuto de los Trabajadores establece para las empresas el deber de informar a los trabajadores con contrato temporal de la existencia en esta de puestos de trabajo vacantes para que puedan acceder a puestos permanentes que deban ser cubiertos en la empresa.

3) Contrato fijo-discontinuo:

En el Real Decreto-ley 32/2021, de 28 de diciembre, se modifica el artículo 16 del Estatuto de los Trabajadores en lo que respecta a este tipo de contrato, eliminándose la anterior distinción en su régimen jurídico entre contratos fijos periódicos y fijos discontinuos. Es el contrato que más se ha potenciado para acabar con la temporalidad ya que, actualmente, es un contrato indefinido en el que la actividad laboral se realiza de forma intermitente a lo largo del tiempo.

Esta figura contractual existía en nuestro ordenamiento y se usaba por empresas que necesitaban a trabajadores que prestaran sus servicios en un determinado periodo del año, aunque sin determinar la fecha de comienzo de la prestación.

El contrato fijo-discontinuo es un contrato indefinido, pues la fecha de comienzo es cierta, aunque no la fecha de finalización de la relación laboral. Su particularidad es que, como hemos dicho, la prestación de servicios no es lineal y constante a lo largo de cada año, sino que esta prestación tiene lugar de forma temporal a lo largo del año y de manera sucesiva durante el tiempo de vigor del contrato.

¿Cuál es el objetivo de estos contratos? Es el de atender a la realización de trabajos con las siguientes características:

- Son de naturaleza **estacional**. Por ejemplo, los trabajadores en estaciones de esquí, en la recogida de la fruta o socorristas.

- Vinculados a actividades **productivas de temporada**. Por ejemplo, los trabajos en las fábricas de dulces navideños, el marisqueo o la pesca.

- Para actividades que no surgen por las estaciones del año en la que se está o que están vinculados a una producción temporal, sino en otros sectores; en este caso podría ser el sector servicios. Las características de estos contratos es que se prestan de manera intermitente, aunque con periodos de ejecución ciertos. Lo explicamos con un ejemplo: cada año se celebran las rebajas y se necesita más personal en los comercios que la plantilla habitual de la empresa (actividad intermitente) y tienen periodos de ejecución ciertos (se sabe que serán en verano y en invierno). Dentro de este apartado se puede saber o no cuándo se incorporan los trabajadores fijos-discontinuos.

  — En periodos determinados: por ejemplo, monitores de comedores escolares.

  — En periodos indeterminados: como ocurre en los campamentos de verano, congresos, ferias, que se organizan cada año, pero es variable su fecha.

- Trabajos que surgen como resultado de una contrata mercantil o administrativa entre dos empresas, una llamada promotora que contrata con otra llamada contratista o principal para que le preste unos servicios que formen parte de la actividad ordinaria de la empresa contratada. Por ejemplo, una gran empresa constructora que tenga un gran número de proyectos de obra; tiene su propia plantilla, pero necesita de otra empresa de construcción para que haga ciertos trabajos en uno de los proyectos. O el caso de una empresa con una actividad administrativa, que es contratada por una gran empresa eléctrica para dar soporte administrativo en la actividad de facturación.

- Para contratar a trabajadores por parte de las empresas de trabajo temporal para que los cedan a otras empresas.

Este contrato tiene vigencia continuada en el tiempo, pero antes de comenzar con la actividad laboral efectiva, la empresa debe hacer un llamamiento a sus trabajadores fijos-discontinuos. Este llamamiento se hará conforme establezca el convenio colectivo o el acuerdo de empresa, pero siempre usando la forma escrita que exige el Estatuto de los Trabajadores o cualquier otra que permita dejar constancia de que se realiza la notificación al trabajador y se le comunican las indicaciones para su incorporación con una antelación adecuada.

Estos contratos requieren la forma escrita y, además, incluir las siguientes cláusulas:

a) Elementos esenciales de la actividad laboral.

b) Duración del periodo de actividad. El convenio colectivo puede establecer la posibilidad de celebrar estos contratos a tiempo parcial, siempre que sea justificado por las peculiaridades de la actividad del sector económico que regule.

c) Jornada y su distribución horaria, que podrán figurar con carácter estimado en el contrato, y concretarse en el acto del llamamiento.

Otros derechos de los trabajadores fijos-discontinuos son los siguientes:

• A ser informados por la empresa en la que prestan estos trabajos de la existencia de puestos de trabajo vacantes de carácter fijo ordinario para que puedan solicitar su conversión en trabajadores indefinidos si así lo desean.

• A que, salvo excepciones, su antigüedad se calcule teniendo en cuenta toda la duración de la relación laboral y no el tiempo de servicios efectivamente prestados.

Por último, la reforma del Estatuto de los Trabajadores establece en su disposición final sexta que el Gobierno regulará las modificaciones necesarias para mejorar la protección de estos trabajadores, permitiéndoles el acceso a los subsidios por desempleo, en las mismas condiciones y con los mismos derechos que se aplican al resto de personas trabajadoras por cuenta ajena del Régimen General de la Seguridad Social protegidos por la contingencia de desempleo.

A continuación, vamos a ver las modalidades de contrato de trabajo que existen en la actualidad, tras las últimas modificaciones del Estatuto de los Trabajadores:

1.º Contrato de grupo:

En su origen, la contratación de un grupo de trabajadores era muy común en el campo; por ejemplo, un empresario contrataba, normalmente de forma verbal, a cuadrillas de personas para la recogida de la aceituna; aunque en la actualidad es habitual en trabajos agrícolas, se utiliza también otros ámbitos, por ejemplo, en actuaciones musicales, como ocurre con las orquestas, algunas obras teatrales, grupos de música y baile folclóricos, etc.

La característica principal de este contrato es que existe un único acuerdo con una pluralidad de personas, que deben elegir a un representante o jefe de grupo que es un intermediario entre el grupo y el empresario, siendo este el que firmará el contrato de trabajo en nombre de todos los trabajadores que componen el equipo, dado que es obligatoria la forma escrita.

Su duración puede ser indefinida o indeterminada.

Para dar seguridad jurídica a estos acuerdos, se establece un contenido mínimo que todo contrato de grupo debe contener:

   a) La descripción de la prestación de los servicios a realizar por el grupo.

   b) El tiempo de duración de los servicios del grupo.

   c) La cantidad global en concepto de retribución.

   d) La jornada de trabajo.

   e) El número e identificación de los integrantes del grupo.

Fuera del contenido mínimo de este contrato se pueden incluir otras cláusulas referidas a la vigencia del contrato mientras algunos de los miembros del grupo permanezcan en él, como suele ser el caso de los grupos musicales u obras teatrales.

En estos casos, el empresario no tiene derechos y obligaciones con respecto a cada uno de los integrantes de este grupo, sino con el grupo considerado en su conjunto y cuyo interlocutor y representante es el jefe de grupo.

También se abona una cantidad para el pago de salarios para el grupo de trabajadores al jefe de grupo, distribuyéndolo este entre todos sus miembros.

En cumplimiento de la normativa aplicable, la obligación del empresario de dar de alta a los trabajadores y la cotización en la Seguridad Social se hará de forma individualizada.

2.º Contrato formativo:

Tiene por objeto dotar de una cualificación profesional a los trabajadores que carecen de ella, principalmente por ser personas jóvenes desempleadas que necesitan insertarse en el mercado laboral con el objetivo de que reciban una formación profesional teórica y práctica durante la vigencia del contrato mediante una actividad retribuida en la empresa, y combinar este trabajo con la formación en un centro perteneciente al Sistema de Formación

Profesional y al sistema universitario, o bien que se encuentre en el catálogo de especialidades formativas para el empleo en el ámbito laboral, o bien el desempeño de una actividad laboral destinada a adquirir una práctica profesional adecuada a los correspondientes niveles de estudios.

En función de cuál sea el objetivo concreto del contrato formativo estaremos ante un contrato:

a) **De formación en alternancia**: este tipo de contrato sustituye al de formación y aprendizaje y se destina a personas que carezcan de la cualificación profesional reconocida por las titulaciones o certificados profesionales requeridos para concertar el contrato para la obtención de la práctica profesional, del que hablamos en el apartado b).

Se trata de que los jóvenes puedan compatibilizar la actividad laboral por cuenta ajena y retribuida con los estudios oficiales, bien de formación profesional, con estudios universitarios o con las especialidades formativas del Sistema Nacional de Empleo.

Es una figura contractual en la que participan los centros de formación para dar al trabajador la parte teórica y práctica para alcanzar unas competencias profesionales y, por otro lado, las empresas que se encargan de la formación práctica del trabajador y, si así se establece, una formación teórica, por lo que es un requisito indispensable que, la actividad que vaya a desempeñar la persona trabajadora en la empresa esté directamente relacionada con los planes de estudios de los que se trate. Para ello, de forma previa al contrato de trabajo, se firmarán acuerdos y convenios de cooperación entre esas empresas, o entidades colaboradoras, y la administración laboral (en relación a los grados A, B y C), la administración educativa, que tiene competencias en las enseñanzas de grado D y E (ciclos formativos de grado básico, grado medio, grado superior y cursos de especialización), o tenga competencias en relación a los estudios universitarios, que establecerán un programa de formación para cada nivel de los mencionados y sector productivo en los que estos se enmarcan.

Este contrato se regula de forma exhaustiva para lograr el objetivo detallado en la norma. Como característica principal está la permanente coordinación y colaboración entre el centro educativo en el que se encuentra matriculado el alumnado y la empresa o entidad colaboradora con la que este tiene un acuerdo formativo. Por ello, esta formación en empresa u organismo equiparado también se regula en la Ley Orgánica 3/2022, de 31 de marzo, de ordenación e integración de la Formación

Profesional, estableciendo el carácter dual, de las ofertas formativas de Formación Profesional, salvo alguna excepción en los grados A y B que, por las características de la formación, no se requiera.

Al finalizar el contrato y superar los estudios de que se trate, el trabajador puede obtener un título, certificado, acreditación o diploma asociado al contrato formativo, así como la experiencia laboral y la consiguiente afiliación y alta en el Sistema de Seguridad Social.

Solo podrá celebrarse un contrato de formación en alternancia por cada ciclo formativo de formación profesional y titulación universitaria, certificado de profesionalidad (con la entrada en vigor de la Ley de ordenación e integración de la Formación profesional se denominará «certificado profesional» y así lo nombraremos a partir de ahora), que se obtiene al superar una formación de grado C) o itinerario de especialidades formativas del Catálogo de Especialidades Formativas del Sistema Nacional de Empleo.

La duración del contrato será la que se determine en el plan o programa formativo, con un mínimo de tres meses y un máximo de dos años. Este contrato puede desarrollarse de forma no continuada, a lo largo de largo de diversos periodos anuales para coincidir con los estudios que se están llevando a cabo en esa alternancia.

Existe la posibilidad de formalizar contratos de formación en alternancia con varias empresas en base al mismo ciclo formativo de formación profesional, certificado profesional o itinerario de especialidades del catálogo citado, siempre que dichos contratos respondan a distintas actividades vinculadas al ciclo formativo, al plan o al programa formativo y sin que la duración máxima de todos los contratos pueda exceder de dos años de duración.

Si estos contratos se conciertan por un plazo inferior a dos años y la persona contratada no hubiera obtenido el título, certificado, acreditación o diploma asociado al contrato formativo, podrá prorrogarse mediante acuerdo de las partes, hasta la obtención de estos, sin superar nunca la duración máxima.

Las reglas más destacadas que introduce el artículo 11 del Estatuto de los Trabajadores, con respecto al contrato de formación en alternancia, son las siguientes:

- Se podrán realizar contratos vinculados a estudios de formación profesional o universitaria con personas que posean otra titulación, siempre que no hayan tenido otro contrato formativo previo en una formación del mismo nivel formativo y del mismo sector productivo.

- Si la formación que se trata de compatibilizar con el trabajo en el contrato son certificados profesionales de nivel 1 y 2 o programas públicos o privados de formación en alternancia empleo-formación, que formen parte del Catálogo de Especialidades Formativas del Sistema Nacional de Empleo, el límite de edad del trabajador es hasta los 30 años de edad.

- En cuanto a las actividades laborales que este contrato permite son las que estén directamente relacionadas con las actividades formativas que se van a realizar. Estas actividades se plasman en los denominados planes formativos individuales que realizan los centros de formación con la participación de la empresa u organismo equiparado, en la que el trabajador desarrollará su actividad laboral. En cada uno de estos planes existe un contenido mínimo que establece el citado artículo 11:

  — Contenido de la formación.

  — Duración.

  — Calendario y las actividades.

  — Requisitos de tutoría para el cumplimiento de sus objetivos.

- Las actividades y la formación del trabajador tendrán un seguimiento por dos tutores: uno, denominado «tutor dual», designado por el centro o entidad de formación y otro, designado por la empresa en la que lleva a cabo sus actividades. Para conseguir el objetivo de la formación teórica y práctica del trabajador, los tutores tendrán que realizar una labor de coordinación.

- Durante el tiempo del contrato se deben combinar las actividades propiamente laborales con la formación teórica en el centro o entidad educativa, que habrán de ser compatibles dentro de la jornada máxima que esté contemplada en el convenio colectivo al que esté acogida la empresa o, en su defecto, a la jornada máxima legal; el primer año se dedicará el 65 % de la jornada a la actividad laboral y el 35 % restante a la formación teórica, mientras que, en el segundo año de vigencia del contrato, aumenta al 85 % la dedicación a la actividad laboral.

En estos contratos no se permiten ni los trabajos nocturnos, ni a turnos, salvo que, por la naturaleza de la actividad, no pueda realizarse en otros periodos. En cuanto a la jornada, no se pueden hacer horas complementarias ni extraordinarias.

- En el caso de que, con anterioridad a la celebración del contrato formativo, el trabajador hubiera suscrito con la empresa cualquier tipo de contrato de trabajo con una duración superior a seis meses, no podrá celebrarse este tipo de contrato.

- Este contrato no tiene periodo de prueba.

- En cuanto al salario del trabajador, se determinará por el convenio colectivo aplicable; en caso de que no estuviera previsto en el convenio para estos contratos, la retribución será igual o superior al 70 %, durante el primer año de vigencia del contrato, y al 75 % durante el segundo año de vigencia del contrato, de la fijada en convenio para el grupo profesional y nivel retributivo correspondiente a las funciones desempeñadas, siempre en proporción al tiempo de trabajo efectivo. En ningún caso, la retribución podrá ser inferior al salario mínimo interprofesional en proporción al tiempo de trabajo efectivo.

b) **Para la obtención de la práctica profesional adecuada al nivel de estudios,** que el trabajador ya posee, como nota diferenciadora con el contrato formativo en alternancia. Se pretende que esta figura contractual abarque a trabajadores con varios tipos de formación académica del sistema educativo y del Sistema Nacional de Formación para el Empleo: títulos universitarios de grado o equivalentes, títulos de grado medio o grado superior de formación profesional, especialista, máster profesional de certificados profesionales o títulos equivalentes de las enseñanzas artísticas o deportivas.

El objetivo es permitir a los titulados llevar a la práctica los conocimientos teóricos adquiridos en un entorno laboral. Una condición para formalizar el contrato es que no hayan transcurrido más de tres años desde que se terminaran los estudios salvo, en el caso de personas con discapacidad, en el que el plazo se eleva a cinco años.

Se excluyen de la celebración de estos contratos a las personas con experiencia laboral o que hayan realizado en la empresa, con la que se quiere contratar, una actividad formativa en las mismas tareas o actividades durante más de tres meses, excluido el tiempo de formación o prácticas que se contemplan en el currículo de ciertos estudios para obtener la correspondiente titulación o certificado que permite esta contratación.

Las características de este tipo de contrato son las contenidas en el artículo 11.3 del Estatuto de los Trabajadores:

- Duración: no podrá ser inferior a seis meses ni superior a un año. Este límite máximo se aplica cuando el contrato se realice en una misma empresa o distinta, o si se hace con una misma titulación, salvo que el convenio colectivo aplicable determine otra duración máxima basándose en criterios objetivos.

  Para evitar prolongar la situación de los trabajadores contratados en formación, se pone otro límite: aunque el trabajador tenga varias titulaciones distintas o certificados profesionales, que pueden dar lugar a contratos sucesivos para la práctica profesional de cada una de ellas, nunca podrá hacerse si es para el mismo puesto de trabajo y en la misma empresa.

- La norma hace una precisión con respecto a los títulos universitarios: considera que, si el trabajador tiene, cuando se contrata bajo esta modalidad, un título de grado, de máster o de doctorado, no se considere que son la misma categoría de título, salvo que la primera vez que se celebre este contrato con el titulado universitario, este ya esté en posesión del título de que se trate. Por ejemplo, si la persona que se va a contratar tiene el título de grado y máster en Arquitectura, no podrá ser contratado en el futuro de nuevo con esta modalidad de contrato salvo que, después adquiera el título de doctorado, en cuyo caso puede formalizar un nuevo contrato formativo. No se puede hacer un primer contrato por el grado universitario y posteriormente por el máster que ya poseía en el momento de su celebración.

- Periodo de prueba: como máximo podrá concertarse por un mes, salvo que en el convenio colectivo aplicable se indique otra duración.

- Plan formativo individual: la empresa debe elaborar uno por cada persona contratada para esta modalidad, de manera que contenga las actividades laborales que permitan conseguir el objetivo de este contrato, esto es, obtener la práctica profesional que esté en consonancia con el nivel de estudios o de formación del trabajador. En este plan y para el seguimiento, además de para el correcto cumplimiento del objeto del contrato, la empresa nombrará un tutor con la suficiente formación o práctica profesional para llevarlo a cabo.

  Una vez finalizado el contrato, la empresa emitirá una certificación con el contenido de la práctica laboral que ha realizado el trabajador. Por ello, es obligatoria la forma escrita del contrato al que se debe anexar este plan formativo individual.

- Horas extraordinarias: no está permitida su realización, salvo prevenir o reparar siniestros y otros daños extraordinarios y urgentes.

- Retribución: por el tiempo de trabajo efectivo será la fijada en el convenio colectivo aplicable en la empresa para estos contratos o, en su defecto, será la correspondiente al del grupo profesional y nivel retributivo correspondiente a las funciones desempeñadas. En ningún caso la retribución podrá ser inferior a la retribución mínima establecida para el contrato para la formación en alternancia ni al salario mínimo interprofesional en proporción al tiempo de trabajo efectivo.

En el artículo 11 del Estatuto de los Trabajadores se introducen unas normas comunes a cualquier tipo de contrato formativo:

1. La acción protectora de la Seguridad Social de las personas que suscriban un contrato formativo comprenderá todas las contingencias protegibles y prestaciones, incluido el desempleo y la cobertura del Fondo de Garantía Salarial.

2. Se producirá una suspensión de la duración del contrato cuando el trabajador se encuentre en alguna de estas situaciones:

    — Incapacidad temporal.

    — Nacimiento.

    — Adopción, guarda con fines de adopción y acogimiento.

    — Riesgo durante el embarazo y riesgo durante la lactancia.

    — Violencia de género.

3. Es obligatoria la forma escrita, incluyendo como anexos el texto del plan formativo individual de cada persona contratada y, si fuera un contrato de formación en alternancia, también se incorporará el texto de los acuerdos y convenios suscritos entre el centro de formación y la empresa.

4. Si estos contratos se celebran entre trabajadores con discapacidad o en situación de exclusión social y empresas de inserción que estén cualificadas y activas en el registro administrativo correspondiente, aumentará la duración máxima de estos. Esta duración será regulada reglamentariamente.

5. La determinación de los puestos de trabajo que pueden desempeñarse en la empresa a través de contratos formativos se hará por convenio colectivo sectorial estatal, autonómico o, en su defecto, en los convenios colectivos sectoriales de ámbito inferior.

6. No podrá utilizarse este contrato para realizar funciones o tareas que realicen habitualmente trabajadores de la empresa que se encuentren afectadas por medidas de suspensión o reducción de jornada.

7. Si, finalizado un contrato formativo, el trabajador continuara en la empresa, se le computará la duración del contrato como antigüedad en la empresa y sin que en el nuevo contrato surgido se le pueda exigir un nuevo periodo de prueba. Si en su celebración la empresa incurre en fraude de ley o incumpliera las actividades formativas a las que se comprometió, el contrato se considerará indefinido de carácter ordinario.

8. No existe libertad contractual, ya que, por medio de un reglamento, se regularán los requisitos relativos al número de contratos en formación que se pueden celebrar en una empresa, el número de personas con las que puede ejercer la tutoría el trabajador de la empresa nombrado tutor, etc.

9. Los aspectos relativos a los acuerdos de cooperación educativa con centros de formación, los planes formativos individuales y los requisitos y condiciones de la función del tutor en estos contratos deberán ser comunicados por la empresa a la representación legal de los trabajadores.

10. Se podrá negociar, con los representantes de los trabajadores, en los convenios colectivos, la consecución de un equilibrio en la contratación de hombres y mujeres en los contratos formativos. También puede haber acuerdos para que la empresa se comprometa a convertir estos contratos formativos en contratos indefinidos.

11. Para que la empresa que celebra este tipo de contratos no exceda del límite temporal máximo de duración y sea sancionada como se recoge en el apartado 7, se podrá consultar en el Organismo con competencias en esta materia, si las personas que quiere contratar han sido anteriormente sujetos de un contrato de esta modalidad y, si fuese así, la duración de este para comprobar si puede hacerlo y por cuánto tiempo. Esta información se trasladará a la representación de los trabajadores y con ello la empresa se libera

de la posible responsabilidad por el incumplimiento de la duración máxima de estos contratos.

3.º Contrato a tiempo parcial:

Es aquel en el que se pacta que la prestación de servicio por parte de la persona que se contrata será por un tiempo inferior en número de horas a las que realiza un trabajador a tiempo completo comparable, al día, a la semana, al mes o al año. ¿Qué se considera trabajador comparable que realiza su jornada a tiempo completo? El artículo 12.1 del Estatuto de los Trabajadores establece que sería comparable con un trabajador de la misma empresa y centro de trabajo, que tienen el mismo tipo de contrato y que realiza la misma actividad o similar que el trabajador con contrato a tiempo parcial. Si esto no fuera posible, se considerará que la jornada a tiempo completo es la prevista en el convenio colectivo de aplicación o, en su defecto, la jornada máxima legal.

En cuanto a su duración, puede concertarse por tiempo indefinido o temporal, con los límites que establezca la normativa básica.

Para evitar que un trabajador contratado a tiempo parcial, en la práctica, preste sus servicios a jornada completa se establecen estas garantías:

- Será obligatoria la forma escrita, constando expresamente el número de horas ordinarias de trabajo al día, a la semana, al mes o al año contratadas, así como estas se distribuyen en los periodos citados, teniendo en cuenta lo establecido en el convenio colectivo. La consecuencia de no observar la forma escrita es que el contrato se presumirá celebrado a jornada completa, salvo prueba en contrario que acredite el carácter parcial de los servicios.

- Si la jornada diaria pactada fuera inferior a la de los trabajadores a tiempo completo y esta se realizara de forma partida, solo será posible efectuar una única interrupción en dicha jornada diaria, salvo que en el convenio colectivo se disponga otra cosa.

- Se prohíbe que los trabajadores contratados a tiempo parcial realicen horas extraordinarias, salvo las que se realicen para prevenir o reparar siniestros y otros daños extraordinarios y urgentes.

- En cuanto a la realización de horas complementarias, debe pactarse por escrito y con una numerosa serie de límites legales para su realización y requisitos para este pacto que se encuentran en el apartado 5 del artículo 12 del Estatuto de los Trabajadores.

- Asimismo, es obligatorio para el empresario registrar a diario la jornada que realizan los trabajadores a tiempo parcial, cuya suma de horas mensuales, tanto ordinarias como complementarias, se reflejará en un documento que acompañará el recibo de nómina y del que se entrega una copia al trabajador. El incumplimiento de la obligación de registro de la jornada diaria hará que se presuma que el contrato se celebró a tiempo completo, salvo prueba en contrario que acredite el carácter parcial de los servicios.

- Estos documentos deben conservarse por el empresario durante un periodo mínimo de cuatro años.

En lo que respecta a los derechos laborales, hay que señalar que son idénticos a los que goza un trabajador a tiempo completo y de forma proporcional al tiempo trabajado, según la naturaleza de aquellos. Por ejemplo, en lo relativo a la cuantía de las retribuciones salariales.

Los contratos a tiempo parcial pueden convertirse en contratos a tiempo completo y viceversa, aunque siempre esta conversión debe aceptarse de forma libre y voluntaria por el trabajador. Para garantizar esta voluntariedad y que la no aceptación de la conversión tenga consecuencias negativas para aquel, se establece que el trabajador no podrá ser despedido ni sufrir ningún otro tipo de sanción o efecto perjudicial por el hecho de rechazar esta conversión, siempre que la empresa no se encuentre en circunstancias económicas, técnicas, organizativas o de producción que justifiquen un despido colectivo.

El empresario está obligado a informar a los trabajadores de la empresa de la existencia de puestos de trabajo vacantes para que los trabajadores puedan realizar la solicitud de conversión de su trabajo a tiempo completo en a tiempo parcial y viceversa. Si la respuesta a esta solicitud fuera negativa, el empresario debe motivar esa denegación, que tendrá forma escrita.

Es muy común la conversión de contratos a tiempo completo por contratos a tiempo parcial, cuando el trabajador que tiene una jornada a tiempo completo se jubila parcialmente, lo que significa que parte de la jornada que venía realizando queda vacante por lo que, de forma paralela, la empresa concertará con otro trabajador un contrato de relevo, para cubrir la jornada que ha quedado vacante hasta completar esta.

4.º Contrato de relevo:

Como hemos visto en el apartado anterior, este contrato va ligado siempre a una jubilación parcial de un trabajador. El trabajador relevista puede ser una persona en situación de desempleo o que incluso trabaje en la misma empresa con un contrato de duración determinada.

Si este contrato se concierta para cubrir la jornada que deja vacante el trabajador jubilado parcialmente, evidentemente, su duración mínima será igual al tiempo que le falte a aquel trabajador para la jubilación completa por haber alcanzado la edad de jubilación, aunque también puede celebrarse por tiempo indefinido.

Puede suceder que el trabajador que se jubila parcialmente, llegada la edad de jubilación ordinaria, continúe en la empresa trabajando si así lo considera. En ese caso, si se ha celebrado con el trabajador relevista un contrato de duración determinada, este contrato se prorrogará mediante un acuerdo entre el trabajador y la empresa por periodos anuales, extinguiéndose al finalizar el periodo correspondiente al año en el que se produzca la jubilación total del trabajador relevado.

Si el contrato de relevo se extinguiera sin haber alcanzado la duración mínima pactada, el empresario debe celebrar un nuevo contrato de relevo por el tiempo que reste para alcanzar la duración mínima de ese contrato de relevo originario.

Aunque este contrato de relevo se concierta para cubrir la jornada que deja vacante el trabajador jubilado parcialmente, esto es, a tiempo parcial como mínimo por el número de horas que deben cubrirse por esa vacante, también se puede celebrar a tiempo completo. Además, el horario del trabajador relevista puede completar el del trabajador relevado, es decir, que no coincidan en la empresa o, bien, coincidir ambos en alguna o varias horas, o tener el mismo horario, según las necesidades de la empresa.

Por último, el Estatuto de los Trabajadores establece que el puesto de trabajo del trabajador relevista podrá ser el mismo del trabajador sustituido o que tenga otro, pero con las mismas bases de cotización que se establecen en el texto refundido de la Ley General de la Seguridad Social.

5.º **Trabajo a distancia:**

La situación generada con la pandemia de COVID-19 en marzo de 2020, dado que la tecnología permite la conexión entre ordenadores remotos y la realización de trabajos de manera virtual y a distancia, se implantó excepcionalmente esta modalidad de trabajo en muchas empresas y administraciones para evitar el contagio y la propagación de la enfermedad, acogiéndose al artículo 5 del Real Decreto-ley 8/2020, de 17 de marzo, de medidas urgentes extraordinarias para hacer frente al impacto económico y social del COVID-19.

Una modalidad de prestación laboral que al principio estaba obligada por las circunstancias, y fue establecida como solución provisional, pero que se ha instalado en la sociedad; para dejar claros los derechos y deberes de los trabajadores a distancia, se aprobó la Ley 10/2021, de 9 de julio, de trabajo a distancia.

En la exposición de motivos de esta ley se argumenta que el trabajo a domicilio ha existido tradicionalmente en ciertos sectores y áreas geográficas como aquel que [Ɛ] «se realiza fuera del centro de trabajo habitual y sin el control directo por parte de la empresa». Como ejemplo tenemos el sector textil en el que los trabajadores realizaban el trabajo de costura o bordado en su domicilio o también en la fase final de elaboración de productos manufacturados como, por ejemplo, colocar en envases el producto terminado; era un trabajo invisible y que tradicionalmente lo realizaban las mujeres para conciliar la flexibilidad en el trabajo con sus tareas personales y familiares y apenas existía regulación específica.

La cuestión surgida tras la adopción del trabajo en el domicilio de trabajadores que lo realizaban en el centro de trabajo por la situación sanitaria estribaba en delimitar la vida privada de la vida personal, ya que, tiene múltiples ventajas para los trabajadores y las empresas, pero también muchos posibles inconvenientes recogidos en la exposición de motivos de la Ley 10/2021, de 9 de julio, de trabajo a distancia: [Ɛ] «la protección de datos, brechas de seguridad, tecnoestrés, horario continuo, fatiga informática, conectividad digital permanente, mayor aislamiento laboral, pérdida de la identidad corporativa, deficiencias en el intercambio de información entre las personas que trabajan presencialmente y aquellas que lo hacen de manera exclusiva a distancia, dificultades asociadas a la falta de servicios básicos en el territorio, como la conectividad digital o servicios para la conciliación laboral y familiar, o traslado a la persona trabajadora de costes de la actividad productiva sin compensación alguna, entre otros».

Con esta ley se dota a los trabajadores de derechos individuales y colectivos, entre los que destacamos el derecho a la formación y a la promoción profesional, a la compensación de gastos, y a que el empresario proporcione los medios y herramientas para desarrollarlo adecuadamente, así como la prevención de riesgos laborales y a la desconexión digital.

Esta ley define a qué relaciones de trabajo se aplica la ley que son todas en las que los trabajadores voluntariamente presten sus servicios retribuidos por cuenta ajena y dentro del ámbito de organización y dirección de otra persona, física o jurídica, denominada empleador o empresario, y que lo hagan de forma regular. Se considera que trabajar a distancia de forma regular es cuando la prestación laboral se presta en [ε] «un periodo de referencia de tres meses, un mínimo del treinta por ciento de la jornada, o el porcentaje proporcional equivalente en función de la duración del contrato de trabajo».

Para aclarar la definición, la Ley de trabajo a distancia distingue en su artículo 2 las siguientes formas de prestación de servicios para aplicar las normas contenidas en ella.

a) «Trabajo a distancia»: forma de organización del trabajo o de realización de la actividad laboral conforme a la cual esta se presta en el domicilio de la persona trabajadora o en el lugar elegido por esta, durante toda su jornada o parte de ella, con carácter regular.

b) «Teletrabajo»: aquel trabajo a distancia que se lleva a cabo mediante el uso exclusivo prevalente de medios y sistemas informáticos, telemáticos y de telecomunicación.

c) «Trabajo presencial»: aquel trabajo que se presta en el centro de trabajo o en el lugar determinado por la empresa.

Dado que el trabajo a distancia es voluntario para el trabajador, se debe cumplimentar un acuerdo por escrito que se incorporará al contrato de trabajo inicial o realizarse posteriormente a la firma del contrato, pero es obligatorio formalizarlo antes de que el trabajador comience a trabajar a distancia. Una copia de este acuerdo debe ser entregada en un plazo no superior a diez días desde su formalización a la representación legal de los trabajadores; una vez que estos han firmado la recepción de este documento, esta copia se remitirá a la oficina de empleo; este último trámite es obligatorio si no existe en la empresa representación legal de las personas trabajadoras.

El contenido mínimo que debe tener el citado acuerdo de trabajo a distancia es:

- Inventario de los medios, equipos y herramientas que exige el desarrollo del trabajo a distancia que se acuerda, incluidos los consumibles y los elementos muebles, así como de la vida útil o periodo máximo para la renovación de estos.

- Enumeración de los gastos que puede tener la persona trabajadora y la forma de cuantificarlos para que la empresa los abone obligatoriamente en el plazo establecido.

- Horario de trabajo en el que se definen las reglas de disponibilidad para conseguir la desconexión digital de la persona trabajadora.

- Porcentaje y distribución entre trabajo presencial y trabajo a distancia, en su caso.

- Centro de trabajo de la empresa en el que el trabajador a distancia prestará la parte de jornada de carácter presencial.

- Lugar de trabajo que elige el trabajador para el desarrollo del trabajo a distancia.

- Plazos de preaviso cuando se quiera revertir el trabajo a distancia.

- Medios de control que usará la empresa para comprobar el desarrollo de la actividad laboral que se realiza a distancia.

- Instrucciones o protocolo a seguir en el caso de producirse dificultades técnicas que no permitan o dificulten el normal desarrollo del trabajo a distancia.

- Instrucciones que proporciona la empresa en materia de protección de datos aplicables en el trabajo a distancia.

- Instrucciones dictadas por la empresa sobre seguridad de la información aplicables en el trabajo a distancia.

- Duración del acuerdo de trabajo a distancia.

Una vez que hemos expuesto las principales características de los contratos, vamos a tratar las bonificaciones y deducciones que tienen como objetivo incentivar la contratación laboral.

En el artículo 40.1 de la Constitución española se recoge el siguiente mandato: «Los poderes públicos promoverán las condiciones favorables para el progreso social y económico y para una distribución de la renta regional y personal más equitativa, en el marco de una política de estabilidad económica. De manera especial realizarán una política orientada al pleno empleo».

Este objetivo de la consecución del pleno empleo se ha hecho con diferentes medidas que impulsaran la contratación laboral, entre las que se encuentran las ayudas económicas directas para las empresas que realizan determinados tipos de contratación, y a colectivos definidos, o las bonificaciones o reducciones de las cuotas que las empresas deben abonar a la Seguridad Social.

Mediante estas medidas se propone la promoción de la contratación de personas desempleadas, con especial atención a las más vulnerables y contribuir a crear puestos de trabajo, así como mantener y mejorar la calidad del empleo. Las sucesivas normas de ámbito laboral, han cambiado la terminología relacionada con las ayudas a la contratación y a las minoraciones en las cuotas a abonar a la Seguridad Social, a las que aludiremos con la denominación que se les da en la actualidad.

Estas ayudas, sin embargo, han estado en una normativa dispersa, de distinto rango y aplicable a un diferente ámbito, por lo que se ha reunido esta normativa dispersa en el Real Decreto-ley 1/2023, de 10 de enero, de medidas urgentes en materia de incentivos a la contratación laboral y mejora de la protección social de las personas artistas.

En este Real Decreto-ley 1/2023 se establecen bonificaciones en las cuotas a la Seguridad Social y por conceptos de recaudación conjunta cuando se contrate a personas que se encuentren en diferentes situaciones o colectivos, de los que extraemos algunos de ellos como ejemplos e indicamos la cuantía de la bonificación en las cuotas:

- Bonificaciones por la contratación indefinida de personas con capacidad intelectual límite, de 128 euros/mes durante cuatro años.

- Bonificaciones por la contratación indefinida de personas trabajadoras readmitidas tras haber cesado en la empresa por incapacidad permanente total o absoluta, de 138 euros/mes durante un período de dos años, siempre y cuando la citada readmisión no responda a un derecho de las personas trabajadoras a reincorporarse al puesto de trabajo.

- Bonificaciones por la contratación indefinida de mujeres víctimas de violencia de género, de violencias sexuales y de trata de seres humanos, tanto con fines de explotación sexual como laboral, de 128 euros/mes durante cuatro años.

- Bonificaciones por la contratación indefinida de personas en situación de exclusión social, de 128 euros/mes durante cuatro años.

- Bonificación por la contratación indefinida de personas desempleadas de larga duración, de 110 euros/mes durante tres años.

- Bonificación por la contratación de personal investigador bajo la modalidad de contrato predoctoral, de 115 euros/mes durante la vigencia del contrato.

- Reducción del 20 % en la aportación empresarial a la cotización a la Seguridad Social por contingencias comunes de las personas trabajadoras incluidas en el Sistema Especial para Empleados de Hogar y de un 45 % o por la contratación de cuidadores en familias numerosas y bonificación del 80 % en las aportaciones empresariales a la cotización por desempleo y al Fondo de Garantía Salarial en ese sistema especial.

Además de estas ayudas, hay otros instrumentos de apoyo como son los acuerdos por el empleo que doten de incentivos para el mantenimiento o el incremento del mismo, la conversión de contratos de duración determinada en indefinidos, la regulación de medidas de reserva o preferencia en el empleo para facilitar la colocación de personas demandantes de empleo.

2.3. Obligaciones con la Seguridad Social derivadas del contrato de trabajo

Desde el momento en que se celebra el contrato de trabajo, surgen al margen de las obligaciones contractuales otras de tipo colaborador, de comunicación y de contenido económico para el trabajador y el empresario por cuya cuenta trabaje.

2.3.1. Sujetos obligados. Afiliaciones, altas, bajas y variaciones de datos de los trabajadores

Estas son las obligaciones concretas con la Seguridad Social:

1. La afiliación del trabajador. La acción protectora de la Seguridad Social, en la modalidad contributiva, solo se pone en marcha con los ciudadanos incluidos en su campo de aplicación. Un ejemplo de esta acción podría ser la pensión contributiva de jubilación de un trabajador, o la prestación económica cuando una trabajadora se encuentre en situación de baja por maternidad, o el permiso retribuido por paternidad.

   Para que un ciudadano pueda incluirse en esta modalidad, deben realizarse una serie de actos determinados por la normativa reguladora, que tendrán como resultado el nacimiento, la modificación y la extinción de las relaciones que estos ciudadanos mantienen durante su vida con la Seguridad Social.

   Hemos aludido en el epígrafe 2.1.4. al acto de afiliación del trabajador, cuya solicitud es obligatoria por parte del empresario por cuya cuenta vaya a prestar servicios por primera vez este o puede ser obligatoria para el mismo trabajador, en caso de que vaya a realizar la actividad por cuenta propia y no estuviese afiliado previamente en cualquier régimen de la Seguridad Social. En caso de que no se haya solicitado por los sujetos obligados, lo harán de oficio las Direcciones Provinciales de la Tesorería General de la Seguridad Social.

   Al igual que el número de DNI o de NIF, la Tesorería General de la Seguridad Social asigna a cualquier ciudadano un número de Seguridad Social, que le identifica para cualquier relación que tenga con esta como, por ejemplo, el acceso a cualquier tipo de prestación. El Número de la Seguridad Social se transforma en Número de Afiliación en el momento en el que el ciudadano comienza una actividad laboral que hace que se le incluya en el Sistema de la Seguridad Social. El empresario deberá solicitar el Número de Seguridad Social de la persona que va a contratar si este no lo tuviese. Este número coincide con el de la afiliación, cuando esta se produzca.

El empresario, al solicitar dicha afiliación y alta inicial, deberá indicar este número identificativo junto con los datos personales del trabajador por cuenta ajena.

La afiliación puede solicitarse, como hemos adelantado ya:

a) Por el empresario: es obligatoria su solicitud por este para los trabajadores que, no estando afiliados, vayan a iniciar la prestación laboral a su servicio.

   Cuando se solicita la afiliación a la Seguridad Social, se considera que en la misma actuación también se solicita el alta inicial del trabajador en el Régimen de Seguridad que le corresponda.

b) Por el trabajador: tiene lugar en dos supuestos:

   • Cuando el trabajador inicie una actividad por cuenta propia y no esté afiliado, será obligatorio que la solicite.

   • Cuando el trabajador desarrolle una actividad por cuenta ajena y el empresario para el que realiza su trabajo no haya cumplido con su obligación de realizar este procedimiento de afiliación y alta inicial. En este caso, la Dirección Provincial de la Tesorería General de la Seguridad Social comunicará estas solicitudes realizadas por los trabajadores a la Inspección de Trabajo y Seguridad Social para que compruebe estos hechos, por si dieran lugar a sanción al empresario.

c) De oficio: es el caso en el que la afiliación la realiza la propia TGSS, debido a que, tras una Inspección de Trabajo a la empresa de que se trate, se constate que el empresario o el trabajador por cuenta propia han incumplido con esta obligación.

En cuanto al lugar y forma de solicitud de la afiliación, esta se hará en el modelo TA.1 a nombre de cada trabajador e irá dirigida a la Dirección Provincial de la TGSS o Administración de la misma, de la provincia en la que preste servicios el trabajador o asimilado, o bien en la que tenga el establecimiento el trabajador autónomo, o, si este no existiera, en la que tenga su domicilio.

Como hemos mencionado, se realizará previamente al inicio de la actividad del trabajador en la empresa.

Una vez que se reconozca la afiliación por la Tesorería General de la Seguridad Social, se procede a la expedición del documento de afiliación a la Seguridad Social y al registro en el fichero general de afiliación de los datos del trabajador.

En el caso de que la afiliación, tras reconocerse, se declare indebida porque la persona afiliada no está incluida en el campo de aplicación de la Seguridad Social, se volverá a la situación anterior y las cotizaciones efectuadas no tendrán efecto alguno. Sería el caso de los accionistas de sociedades mercantiles capitalistas, que no realicen en estas empresas actividades empresariales o profesionales.

2) Comunicación de altas y bajas de los trabajadores:

Con independencia de que el trabajador esté afiliado o no, existe el deber del empresario de comunicar a la TGSS las altas y las bajas en el Régimen de la Seguridad Social al que estén acogidos, de los trabajadores a su servicio o, lo que es lo mismo, el inicio o cese de la prestación de servicios de aquellos en la empresa. Estas comunicaciones tienen como efecto jurídico iniciar la relación jurídica del afiliado y la empresa con la Seguridad Social. Para ellos supone obligaciones formales y económicas y para la Seguridad Social, comenzar su actividad protectora en la modalidad contributiva, en los supuestos de alta, y cesar estos efectos en el supuesto de la solicitud de baja.

Al igual que la afiliación, las altas y bajas pueden hacerse a instancia del empresario, por el propio trabajador o de oficio.

Las variaciones de datos ocurren cuando tiene lugar en los trabajadores dados de alta una modificación de sus datos identificativos, laborales o de su domicilio. Estas variaciones son de obligada comunicación a la Seguridad Social.

2.3.2. Tramitación, documentación y plazos

Para la comunicación de las situaciones del apartado 2.3.1, se utilizarán unos formularios oficiales, los modelos TA.2/S en caso de altas o variaciones de datos y el modelo TA.2/S-simplificado, en el caso de tener que comunicar bajas.

El modelo TA.2/S tiene la estructura que exponemos a continuación:

Los datos que se consignan son el nombre y apellidos del trabajador afiliado, su número de la Seguridad Social, fecha de nacimiento, número de documento de identidad y, si es discapacitado, el grado que se le ha reconocido.

También se consignará el tipo de comunicación que se quiere realizar (alta, baja o variación de datos), y la fecha en la que se produce.

Con respecto a la empresa solicitante, se comunicará el nombre o razón social, su código de cuenta de cotización, domicilio y el régimen o sistema especial en el que, en su caso, estuviese incluido el trabajador.

Seguidamente, se informará de los datos del contrato y otros relativos a la Seguridad Social, tipo de jornada o situaciones especiales en las que se encuentre el trabajador o trabajadora, como la maternidad, la excedencia, huelga o cierre patronal, etc.

Finalmente, el documento incluirá la firma del trabajador y la firma y sello del empresario.

La solicitud de variación de datos, además de los datos identificativos del trabajador y del empresario, contendrá los datos objeto de modificación, debiendo ser comunicadas, fundamentalmente, aquellas variaciones que afecten a las condiciones laborales:

- La solicitud de alta contendrá los datos del ejercicio de la actividad laboral que transmitan una información completa a la TGSS.

- De la misma forma, en las solicitudes de baja deberán especificarse, además de todos los datos identificativos del trabajador, la fecha en la que se producirá la baja y la causa de esta.

Estas comunicaciones de datos de trabajadores podrán presentarse por los sujetos obligados a través de medios informáticos, electrónicos y telemáticos, a través del sistema RED, previa autorización a los obligados por parte de la TGSS o a través de la Sede Electrónica con un certificado digital.

Desde el año 2019, el Instituto Nacional de la Seguridad Social ha creado para las empresas un servicio con el que pueden descargarse información sobre las variaciones que experimenten las prestaciones de Seguridad Social reconocidas a sus trabajadores, tanto subsidios como otras que afecten a los contratos de trabajo o a las obligaciones empresariales con la Seguridad Social, de manera que se crea un canal de comunicación rápido y que puede incorporarse fácilmente a los programas de gestión de nóminas que utilizan las empresas y por lo que facilitará el cumplimiento de las obligaciones empresariales con la Seguridad Social. A través de este servicio, la empresa recibirá un fichero, en el que se reflejarán las modificaciones que se hubieran podido producir en las bases de datos de las prestaciones a corto plazo (subsidios) del Instituto Nacional de la Seguridad Social, identificando al trabajador afectado, el Código de Cuenta de Cotización al que está vinculado, y la naturaleza de la variación que se haya producido.

Las solicitudes de alta se dirigirán a la Dirección Provincial de la TGSS o Administraciones de esta en la provincia en que esté domiciliada la empresa en la que preste sus servicios el trabajador o en la que radique el establecimiento del trabajador por cuenta propia o, en su defecto, en su domicilio.

Las solicitudes de baja deben dirigirse a la Dirección Provincial de la TGSS en la que los trabajadores hubieran sido dados de alta.

Los plazos para estas comunicaciones son los siguientes:

• En las solicitudes de alta: con anterioridad a la fecha en que se inicie la prestación de servicios, pudiéndose comunicar con una antelación de hasta 60 días como máximo.

• En las solicitudes de baja o variaciones de datos: dentro del plazo de los tres días naturales siguientes al del cese en el trabajo o a aquel en que se produzca la variación.

Los efectos producidos dependen del acto del que se trate:

a) Del reconocimiento del alta: para el trabajador conlleva una serie de derechos y obligaciones según el Régimen de Seguridad Social en el que se encuentre.

Si la solicitud de alta se hizo con los requisitos y plazos exigidos por la ley, estos derechos y obligaciones surten efecto a partir del día en que se inicie la actividad.

Las altas que se hayan solicitado por el empresario o trabajador por cuenta propia fuera de plazo tendrán efectos desde el día en que se produzca la solicitud. Si se ha practicado de oficio, los efectos comienzan desde el día en que tuvo lugar la actuación de la Inspección de Trabajo y Seguridad Social.

El acto de la solicitud del alta en la Seguridad Social del trabajador lleva consigo la obligación de cotizar para este y para el empresario para el que realiza la actividad, es decir, de aportar unas cantidades al sistema de Seguridad Social para contribuir a su mantenimiento.

b) Del reconocimiento de baja: en este caso, los efectos se producen desde el momento de cese de prestación de servicios.

Esta solicitud extingue las obligaciones de cotización para trabajador y empresario a partir del cese en la actividad.

Si se incumple el plazo de solicitud, se mantendrá la obligación de cotizar hasta el día en que la TGSS tenga conocimiento del cese.

El alta de un trabajador, por tanto, hace comenzar la obligación de pago de cuotas para este y la empresa; conlleva también, paralelamente, unas obligaciones formales hasta la extinción de la relación laboral.

Los empresarios o trabajadores por cuenta propia deben realizar la presentación de los documentos de ingreso cumplimentados de forma presencial, ante entidades financieras autorizadas y, en ese momento, hacer el pago correspondiente. Existen numerosas entidades que colaboran en la actualidad en esta recaudación, como pueden ser estas:

Deutsche Bank, Banco Santander, Bnp Paribas España, Banca March, Open Bank, Targobank, Banco Pichincha España, Cajasur Banco, Evo Banco, Ibercaja Banco, Kutxabank, Caixabank, y muchas más.

No obstante, aun cuando no se ingresen las cuotas, deben cumplirse, ineludiblemente, dentro del plazo reglamentario establecido, las obligaciones en materia de liquidación de cuotas establecidas en el artículo 29 del Real Decreto Legislativo 8/2015, de 30 de octubre, por el que se aprueba el texto refundido de la Ley General de la Seguridad Social.

Transcurrido el plazo reglamentario establecido para el pago de las cuotas a la Seguridad Social sin ingreso de las mismas y sin perjuicio de las especialidades previstas para los aplazamientos, se devengarán los siguientes recargos:

- Recargo del 10 % de la deuda, si se abonasen las cuotas debidas dentro del primer mes natural siguiente al del vencimiento del plazo para su ingreso.

- Recargo del 20 % de la deuda, si se abonasen las cuotas debidas a partir del segundo mes natural siguiente al del vencimiento del plazo para su ingreso.

La presentación de los documentos de liquidación y pago podrá también efectuarse a través de medios electrónicos y con domiciliación bancaria, o pago con tarjeta a través del sistema RED.

Se podrán transmitir a través de este sistema los siguientes documentos de cotización:

- RLC: recibo de liquidación de cotizaciones para el régimen general de la Seguridad Social y el régimen especial de los trabajadores autónomos.

- TC1/4: Régimen Especial de Minería del Carbón.

- TC1/11: Régimen General Artistas.

- TC1/8: Relación Nominal de Trabajadores Sistema Especial Trabajadores por Cuenta Ajena Agrarios.

En el supuesto de falta de ingresos de las cuotas correspondientes, la aportación en soporte informático de los datos de las relaciones nominales de trabajadores efectuadas en plazo reglamentario se considerará como presentación de los documentos de cotización.

Las cantidades a ingresar como cotización o cuotas varían en función del Régimen de Seguridad Social al que esté acogido el trabajador, del tipo de contrato y del nivel de retribuciones.

Para obtener la cuota debemos aplicar a la ya mencionada base de cotización, un tipo o porcentaje que se establece legalmente. A este resultado, podrá realizársele, en algunos casos, alguna deducción o beneficio en las cuotas con el objeto de fomentar determinadas contrataciones.

También el trabajador debe aportar una parte de su retribución o cuota obrera, y el empresario otra cantidad adicional o cuota patronal. El empresario deduce de las retribuciones que abona al trabajador esta cuota, que ingresa junto con la suya en la TGSS.

El nacimiento de la obligación de cotizar tiene lugar con el comienzo efectivo de la actividad laboral y continúa hasta el cese o hasta que la Seguridad Social tenga conocimiento del cese de actividad.

Existen supuestos de suspensión del contrato que, al no implicar la extinción de la relación laboral, hacen que subsista la obligación de cotización, como, por ejemplo, la maternidad o paternidad, en casos incapacidad temporal o en periodos en los que se disfruten de permisos o licencias.

Actividades

2.1. La competencia en la intermediación de empleo es:

   a) De los Servicios Públicos de Empleo.

   b) Del FOGASA.

   c) De la TGSS.

2.2. El FOGASA es:

   a) Un organismo público que garantiza el pago de los salarios en casos de insolvencia o concurso del empresario.

   b) Es un organismo público que gestiona las prestaciones por desempleo.

   c) Es un organismo público que gestiona las políticas de empleo.

2.3. La Tesorería General de la Seguridad Social es:

   a) El organismo que se encarga de la gestión de los servicios sociales.

   b) La caja común de los recursos económicos del sistema de Seguridad Social.

   c) El organismo que gestiona las prestaciones sanitarias del sistema.

2.4. Con anterioridad al inicio de la prestación de servicios del trabajador, es obligatorio:

   a) La afiliación del mismo, cada vez que es contratado por una empresa.

   b) La comunicación de la variación de datos.

   c) La solicitud de afiliación, si es la primera vez que trabaja.

2.5. A partir de la comunicación de alta del trabajador en la Seguridad Social...

   a) Surgen unos deberes para el empresario.

   b) Surgen unos deberes para el trabajador.

   c) Ambas respuestas son correctas.

2.6. Las cuotas de cotización son:

a) La cantidad económica sobre la que se calcula la aportación a la Seguridad Social.

b) La aportación económica a la Seguridad Social que abonan el empresario y el trabajador.

c) Ninguna es correcta.

2.7. El contrato de formación en alternancia con los estudios:

a) Su duración máxima es de dos años, pudiendo prorrogarse por un año más.

b) Tiene periodo de prueba.

c) El tiempo dedicado a la actividad laboral será del 65 % de la jornada el primer año de contrato.

2.8. El contrato de trabajo indefinido es aquel:

a) Que no fija un término o tiempo de finalización.

b) El que tiene definidos con exactitud la obra o servicio que debe realizarse.

c) Es aquel que fija un plazo largo de duración.

2.9. La afiliación a la Seguridad Social puede realizarse:

a) De oficio.

b) A instancia del empresario y del trabajador.

c) Ambas son correctas.

2.10. La cotización es:

a) Las aportaciones mensuales que empresario y trabajador realizan al sistema de Seguridad Social.

b) La solicitud de integración en el sistema de Seguridad Social del trabajador.

c) La inscripción de la empresa en la Seguridad Social.

3. Modificación, suspensión y extinción de las condiciones de trabajo

Contenido

El contrato de trabajo no es algo estático en el tiempo, sino que está sujeto a posibles contingencias, tanto en sus condiciones como en su duración o en su vigencia o posible finalización.

Es decir, el contrato de trabajo y la relación laboral pueden modificarse, suspenderse o incluso extinguirse.

Pasamos a analizar a lo largo de este epígrafe todas esas situaciones.

3.1. Modificación de las condiciones de trabajo. Movilidad funcional. Movilidad geográfica. Modificación sustancial de las condiciones de trabajo

Las causas por las cuales se realizan modificaciones en el contrato de trabajo pueden ser atribuidas en principio a cualquiera de las partes del contrato, aunque la realidad nos indica que suele ser el empresario quien lleva a cabo dichas modificaciones.

¿Cuáles son las causas de las mismas?

Pues podríamos decir al respecto que se realizan porque se producen ciertas necesidades de producción en la empresa, y el empresario, en virtud de su poder de dirección, «adapta» las condiciones laborales a esa nueva realidad.

El poder de dirección del empresario viene establecido en el **artículo 5 del TRLET**, como mecanismo para dirigir y organizar la empresa, y dentro de ese poder se le atribuye el llamado *ius variandi,* que es la posibilidad de variar o modificar, dentro de ciertos límites, las condiciones de trabajo; de alterar, unilateralmente, los límites de la prestación laboral, adaptando esta a los cambios estructurales u organizativos de la empresa.

Estas modificaciones se encuentran reguladas en los artículos **39, 40 y 41 del TRLET**, y cabe destacar que, desde la reforma laboral introducida en el año 2012, la Ley 3/2012, estas se han incrementado en aras de ampliar lo que se han venido a denominar mecanismos de flexibilidad interna de la empresa.

Movilidad funcional

Como el propio nombre indica, supone un cambio en las funciones que venía realizando el trabajador.

Podemos diferenciar dos tipos de movilidad funcional:

- Movilidad horizontal

En este caso, el trabajador no cambia de grupo profesional, simplemente realiza unas funciones distintas dentro del mismo grupo.

En la práctica suele corresponderse con un cambio de departamento. Aunque parezca un cambio sencillo, tampoco puede realizarse de forma arbitraria por parte del empresario, ya que existen unos límites, que son los derechos económicos del trabajador. En este caso, si el nuevo puesto conlleva una subida salarial, esta deberá ser aplicada, pero en caso de que conllevase una bajada, el trabajador mantendría su salario.

También actúan como límites los derechos profesionales del trabajador, promoción y formación profesional, titulaciones académicas o profesionales y pertenencia a un grupo profesional del que el trabajador no puede ser removido.

- Movilidad vertical

Sucede cuando el trabajador pasa a desempeñar funciones correspondientes a un grupo superior o inferior.

En estos casos, además de respetar las limitaciones generales de titulación académica y profesional y la dignidad del trabajador, es necesario que existan razones técnicas u organizativas que lo justifiquen y, en todo caso, el empresario deberá comunicar tanto la decisión como las razones de la misma a los representantes de los trabajadores.

Cuando al trabajador se le encomienda la realización de funciones correspondientes a un grupo inferior, estamos ante un caso de movilidad descendente, caso en el que el trabajador seguiría percibiendo el mismo salario aun en caso de que en el nuevo puesto este sea inferior, es decir, el trabajador no puede verse perjudicado económicamente por esta nueva situación.

En el caso de que se le atribuyan funciones de grupo superior, el trabajador percibirá el salario superior si así fuese el caso, y tendría derecho, además, a reclamar el ascenso, cuando las funciones de ámbito superior se desarrollen en un periodo de tiempo de seis meses en un año, o de ocho meses en el periodo de dos años.

Por último, es importante destacar que, en estos supuestos en los que el trabajador se encuentra desempeñando otras funciones, la empresa no podrá nunca alegar como causa de despido objetivo la ineptitud sobrevenida ni la falta de adaptación (más adelante veremos cómo estas son algunas de las causas que pueden ser alegadas para llevar a cabo un despido de carácter objetivo).

Movilidad geográfica

La definición de movilidad geográfica la ofrece el propio **TRLET en el artículo 40**. Así establece que es el cambio del trabajador de un lugar de trabajo distinto del habitual implicando también cambio de residencia.

Dentro de esta movilidad geográfica podemos distinguir entre traslado, considerado como permanente, y desplazamiento, considerado como temporal, pero sin olvidar que si el desplazamiento supone más de doce meses en un periodo de tres años, pasa a ser un traslado.

Obviamente se excluyen de estos supuestos aquellos casos en que el trabajador haya sido contratado con carácter móvil y los casos en que el traslado haya sido consecuencia de una acción disciplinaria.

Comenzamos entonces con **el traslado**, regulado en el **artículo 40.1 del TRLET**, entendiendo como tal aquel cambio de centro de trabajo que implique cambio de residencia y que sea de duración superior a doce meses en tres años.

Para que se produzca tienen que darse circunstancias económicas, técnicas, organizativas o de producción o contrataciones referidas a la actividad empresarial.

Este traslado puede ser individual o colectivo, en función del número de trabajadores afectados.

- Traslado individual

    En este caso el empresario debe notificar la decisión de traslado treinta días antes de que se haga efectivo el traslado, así como a los representantes de los trabajadores.

    Ante esta decisión el trabajador tiene las siguientes opciones:

    Aceptar el traslado y llevarlo a cabo, para lo cual percibirá una compensación económica que variará en función de los familiares que tenga a su cargo y que, normalmente, viene determinada en los convenios colectivos.

    Si no está de acuerdo con el traslado, puede optar por extinguir la relación laboral percibiendo entonces una indemnización de 20 días por año de servicio con el tope de doce mensualidades.

    Una última opción es «aceptar» el traslado, pero mostrando su disconformidad, en cuyo caso el trabajador se trasladará, pero podrá impugnar la decisión ante el Juzgado de lo social, y el juez declarar el traslado justificado o injustificado. En este último caso, lógicamente, el trabajador puede solicitar la vuelta a su puesto de trabajo de origen.

- Traslado colectivo

Hablamos de traslado colectivo cuando este afecta a:

- 10 trabajadores en empresas de menos de 100.
- El 10 % de trabajadores en empresas de más de 100 y menos de 300.
- 30 trabajadores en empresas de más de 300.

En estos casos, el empresario debe mantener un periodo de consultas con los representantes de los trabajadores de no más de quince días de duración y, una vez que ahí se haya obtenido un resultado, deberá comunicarlo a la autoridad laboral y a los propios trabajadores con una antelación mínima de treinta días antes de que se produzca el traslado.

Aquí los trabajadores tienen la opción de efectuar las acciones indicadas para el traslado individual, o bien reclamar en conflicto colectivo.

Conviene destacar aquí que, en el caso de una trabajadora víctima de violencia de género, que se vea obligada a abandonar su puesto de trabajo y trasladarse a otra localidad para poder hacer efectivas las medidas de protección que se hayan dictaminado, tiene derecho a un puesto de trabajo en el mismo grupo o actividad profesional equivalente que la empresa tenga vacante en ese momento o incluso las que prevea en un futuro próximo.

Este traslado tendrá una duración inicial de seis meses, durante los cuales la trabajadora tiene derecho a reserva en su puesto de trabajo inicial, pero, una vez transcurridos esos seis meses, tendrá que decidir entre regresar a su puesto de trabajo o decaer de esa reserva.

Pasamos ahora a analizar la figura del desplazamiento, recogida en el **artículo 40.4 del TRLET** y que, recordemos, suponía también un cambio de puesto de trabajo que implicaba cambio de domicilio, pero con carácter temporal, como máximo de doce meses en un periodo de tres años.

Cuando este desplazamiento tenga una duración superior a tres meses debe ser comunicado con un mínimo de cinco días de antelación.

Obviamente al trabajador se le deben abonar las dietas y los gastos de viaje, así como también se le debe conceder un periodo de cuatro días laborables por cada tres meses de desplazamiento.

Si el trabajador no está conforme con esta decisión del empresario, podrá recurrirla ante el juzgado de lo social, sin perjuicio de la ejecutividad del desplazamiento.

Una última precisión recogida en el **apartado 7 del artículo 40** es la prioridad de permanencia que tienen los representantes de los trabajadores en los supuestos de traslados y desplazamientos.

Modificaciones sustanciales de las condiciones de trabajo

Existen unas materias dentro de las condiciones laborales que tienen más importancia que otras, hasta el punto de que una modificación o cambio de las mismas se considera sustancial.

¿Cuáles son estas materias?

Son las siguientes:

- Jornada de trabajo.

- Horario y distribución del tiempo de trabajo.

- Régimen de trabajo y turnos.

- Sistemas de remuneración y cuantía salarial.

- Sistemas de trabajo y rendimiento.

- Funciones (siempre que excedan de los límites establecidos en el artículo 39 y que ya hemos analizado).

Ejemplo: a un trabajador que venía desempeñando jornada continua de ocho a tres, se le sustituye por jornada partida, de ocho a doce y de cuatro a siete.

Este tipo de modificaciones sustanciales se encuentran reguladas en los **artículos 41 y 50 del TRLET,** y para que se lleven a cabo se requiere que existan por parte de la empresa probadas razones económicas, técnicas, organizativas y de producción.

Vamos a analizar más detenidamente el régimen jurídico de estas modificaciones:

En primer lugar, vamos a diferenciar entre modificaciones individuales y colectivas, en función del número de trabajadores a los que afecte.

Así, se considera de **carácter individual** cuando afecte a:

- Menos de 10 trabajadores en empresas de menos de 100 trabajadores.

- Menos de 10 % en empresas de más de 100 y menos de 300.

- Menos de 30 en empresas de más de 300.

Estas modificaciones pueden realizarse en un periodo de tiempo de 90 días, pero teniendo en cuenta que si la empresa realiza más modificaciones en periodos sucesivos de 90 días sin que concurran nuevas causas, se considerarán realizadas en fraude de ley y, como consecuencia, serán declaradas nulas.

Pues bien, una vez que el empresario, cumpliendo las condiciones anteriores, decide imponer esa modificación, tiene que comunicárselo al trabajador y a los representantes de los trabajadores con una antelación mínima de quince días, y el trabajador tiene cuatro opciones al respecto:

a) Aceptar la decisión.

b) Extinguir la relación antes de que se cumpla el plazo de efectividad, es decir, antes de que transcurran los quince días de preaviso. En este caso, el trabajador tiene derecho a percibir una indemnización correspondiente a 20 días de salario con un tope de nueve mensualidades.

c) Extinguir la relación laboral argumentando menoscabo de su dignidad, en caso de que este se produzca, en cuyo caso tendrá derecho a la indemnización correspondiente al despido improcedente, que será analizado más adelante, que ascenderá a:

- 45 días de salario con tope de 42 mensualidades para los contratos celebrados antes del 12 de febrero de 2012.

- 33 días con tope de 24 mensualidades para los celebrados con posterioridad a esa fecha.

d) Recurrir ante el juzgado de lo social, mostrando su disconformidad, teniendo en cuenta que esto no le exime de la ejecutividad de la decisión, es decir, la modificación se lleva a efecto y el trabajador tiene que asumirla, sin perjuicio de que reclame judicialmente. La sentencia dictará entonces si la modificación es correcta o no. Si no lo es, el trabajador regresará a sus condiciones anteriores y, si el empresario se negara, tendría derecho a extinguir la relación con las indemnizaciones correspondientes:

- 45 días de salario con tope de 42 mensualidades para los contratos celebrados antes del 12 de febrero de 2012.

- 33 días con tope de 24 mensualidades para los celebrados con posterioridad a esa fecha.

La Disposición Transitoria número 11 del nuevo TRLET confirma esta diferenciación en las indemnizaciones en función de la fecha del contrato.

Hasta aquí las modificaciones de carácter individual. Vamos a continuar con las mismas, esta vez en el caso de que se consideren <u>colectivas,</u> es decir, que afecten a:

- Más de 10 trabajadores en empresas de menos de 100 trabajadores.

- Más de 10 % en empresas de más de 100 y menos de 300.

- Más de 30 en empresas de más de 300.

En este caso, la empresa deberá abrir un periodo de consultas con los representantes de los trabajadores de una duración no superior a quince días.

Por su parte, los trabajadores tienen las siguientes opciones:

a) Aceptar la modificación.

b) Rescindir el contrato con una indemnización de 20 días con tope de nueve mensualidades.

c) Extinguir el contrato cuando la modificación pretenda hacerse con menoscabo de la dignidad del trabajador, en cuyo caso las indemnizaciones serán las correspondientes al despido improcedente.

d) Reclamar en conflicto colectivo.

La disposición final 36 de la LPGE (Ley de presupuestos generales del Estado), de 2021, modifica o le da una nueva redacción al artículo 33.2 del TRLET, en virtud de la cual, el FOGASA abonará las indemnizaciones reconocidas a favor de los trabajadores como consecuencia de la extinción del contrato por movilidad geográfica (artículo 40.1) o de modificación sustancial de las condiciones de trabajo (artículo 41.3), con el límite de un año en el primer caso y de nueve meses en el caso del artículo 41.3.

Es decir, para recordar y fijar los conceptos, en el caso de que a un trabajador se le someta a movilidad geográfica o se modifiquen sus condiciones laborales de forma sustancial, este tiene varias opciones, y entre ellas está la de reclamar judicialmente. Si de esta reclamación judicial se estima derecho a una indemnización, esta correrá a cargo del FOGASA durante el tiempo mencionado, un año en caso de movilidad geográfica y nueve meses en el caso de modificación de las condiciones.

3.2. Suspensión del contrato de trabajo

La suspensión del contrato de trabajo supone la interrupción de la relación laboral, pero sin que se produzca extinción, es decir, el contrato continúa vigente, pero quedan interrumpidas las obligaciones del mismo para ambas partes, durante el tiempo que dure la suspensión el trabajador no desarrolla la actividad laboral y el empresario no abona el salario. Viene a ser como un paréntesis dentro de la relación laboral.

Son muchas las posibles causas de extinción, por eso también son muchos los artículos que nos encontramos en la legislación laboral al respecto, como el **23, 45, 46, 47, 48 y 52 del TRLET,** por ejemplo.

En los siguientes epígrafes pasamos a desarrollar dichas causas.

3.2.1. Mutuo acuerdo de las partes y causas consignadas válidamente en el contrato

En estos casos nos encontramos con una casuística escasamente regulada en la legislación laboral, ya que debemos atenernos a las cláusulas del contrato y a la voluntad de las partes. Por tanto, si entre ellas se pacta un vínculo jurídico privado para dejar sin efecto el contrato durante un determinado tiempo y ambas partes están de acuerdo, la suspensión se producirá en los términos establecidos, así como la reincorporación al puesto de trabajo.

Respecto a la suspensión por causas válidamente consignadas en el contrato, nos encontramos ante la misma situación prácticamente, ya que esas cláusulas es de suponer que han sido pactadas de acuerdo entre las partes.

En este caso solo habría que observar que dichas cláusulas se encuentran dentro de la legalidad vigente, ya que la propia norma utiliza el término «válidamente consignadas», es decir, no sería posible la suspensión del contrato «obligando» al trabajador de forma fraudulenta, etc.

3.2.2. Incapacidad temporal

Es una de las causas más frecuentes de suspensión de la relación laboral. Se produce cuando el trabajador, bien por situación de incapacidad, bien por enfermedad o por accidente, no puede llevar a cabo la prestación de trabajo y se ve obligado a suspender el contrato durante un tiempo, de ahí su nombre de «temporal».

La reincorporación al puesto de trabajo se producirá cuando el trabajador sea dado de alta o declarado afecto a lesiones permanentes no invalidantes o incapacidad permanente parcial.

En este caso, nos encontramos con una peculiaridad respecto a otras causas de suspensión, y es que el trabajador seguirá percibiendo el salario, aunque con algunas matizaciones.

Su remuneración consistirá en una cantidad económica que le pagará el empresario cuando la baja dure de 4 a 15 días, mientras que a partir del día 16 será la Seguridad Social quien se hará cargo del pago de la misma. Hay que precisar que el empresario actúa como gestor del pago de esa prestación y, así, es él quien efectúa el pago, aunque, repetimos, el dinero «proviene» de la Seguridad Social.

En caso de enfermedad común o accidente no laboral, la prestación abonada a partir del día 16 de baja hasta el 20 (ambos incluidos) asciende al **60 %** de la base de cotización por contingencias comunes. A partir del **día 21** de baja en adelante, la prestación por incapacidad temporal equivaldrá al **75 %** de la base de cotización por contingencias comunes.

En caso de enfermedad profesional o **accidente de trabajo**, a partir del día siguiente al de la baja, la prestación será equivalente al **75 %** de la base reguladora.

Aparece en nuestra realidad actual la figura de la IT que proviene del contagio por covid. Así, una vez aparecida la pandemia, surge una ingente cantidad de normativa para adaptar la situación sanitaria a la realidad laboral.

Por una parte, una de las primeras normas, el Real Decreto-Ley 6/2020, de 10 de marzo, por el que se adoptan determinadas medidas urgentes en el ámbito económico y para la protección de la salud pública, recoge que «Al objeto de proteger la salud pública, se considerarán, con carácter excepcional, situación asimilada a accidente de trabajo, exclusivamente para la prestación económica de incapacidad temporal del sistema de Seguridad Social, aquellos periodos de aislamiento o contagio de las personas trabajadoras provocado por el virus COVID-19».

Posteriormente, la Disposición Final del Real Decreto-ley 13/2020, de 7 de abril, mantiene la situación excepcional asimilada al accidente de trabajo, solo para la prestación económica del sistema de Seguridad Social, pero, sin embargo, da un paso más y matiza que, cuando se pruebe que el contagio de la covid se ha contraído con causa exclusiva en la realización del trabajo, será considerado accidente de trabajo. Es decir, no será solo situación asimilada al accidente, sino accidente propiamente dicho.

3.2.3. Maternidad, paternidad, adopción o acogimiento

En estas situaciones el trabajador tiene derecho a que se produzca la suspensión del contrato de trabajo para poder hacer frente a la nueva situación familiar y, así, poder ejercer de forma efectiva la conciliación de la vida familiar y laboral.

De esta manera, según el artículo 48.8 del TRLET, en el supuesto de parto, la suspensión tendrá una duración de dieciséis semanas ininterrumpidas, ampliables en el supuesto de parto múltiple en dos semanas más por cada hijo a partir del segundo. El periodo de suspensión se distribuirá a opción de la interesada siempre que seis semanas sean inmediatamente posteriores al parto. En caso de fallecimiento de la madre, con independencia de que esta realizara o no algún trabajo, el otro progenitor podrá hacer uso de la totalidad o, en su caso, de la parte que reste del periodo de suspensión, computado desde la fecha del parto, y sin que se descuente del mismo la parte que la madre hubiera podido disfrutar con anterioridad al parto. En el supuesto de fallecimiento del hijo, el periodo de suspensión no se verá reducido, salvo que, una vez finalizadas las seis semanas de descanso obligatorio, la madre solicitara reincorporarse a su puesto de trabajo.

Respecto a la suspensión por paternidad, es esta la faceta que más modificaciones ha sufrido en los últimos tiempos, dando respuesta a una vieja demanda igualitaria y equiparando nuestro país con la normativa y costumbres europeas.

Así, desde el 1 de enero de 2021, se iguala el permiso de nacimiento y cuidado del menor para ambos progenitores, que disfrutarán de 16 semanas de prestación.

Este proceso encontró el 1 de enero la culminación de un permiso progresivo que se estableció en marzo de 2019, a través del **Real Decreto Ley de medidas urgentes para garantía de la igualdad de trato de oportunidades entre mujeres y hombres en el empleo y la ocupación.**

Así, desde el 1 de enero de 2021, las 16 semanas de permiso para ambos progenitores se podrán dividir de la siguiente manera:

- 6 semanas obligatorias, ininterrumpidas y a jornada completa, posteriores al parto (resolución judicial o decisión administrativa en el caso de adopción). La madre biológica puede anticipar este periodo hasta 4 semanas antes de la fecha previsible del parto.

- Las 10 semanas restantes se disfrutarán en periodos semanales, de forma acumulada o interrumpida, dentro de los 12 meses siguientes al parto, o bien la resolución judicial o decisión administrativa en el caso de adopción.

Además, se establecen determinados supuestos de ampliación de este plazo:

- Ampliación en una semana para cada progenitor por cada hijo/a, a partir del segundo, en caso de nacimiento, adopción o acogimiento múltiples.

- Ampliación en una semana para cada progenitor en caso de discapacidad del hijo/a.

- Ampliación por parto prematuro y hospitalización (por un periodo superior a 7 días) a continuación del parto, hasta un máximo de 13 semanas.

Respecto a la situación de adopción y acogimiento, también se observa protección de dicha situación en el siguiente sentido:

No solo estamos hablando de la adopción o acogimiento de un menor de edad, que es la situación que más frecuentemente nos encontramos, sino que, en el caso del acogimiento, también es posible el de una persona de mayor edad en determinados supuestos, como personas con discapacidad o que, por sus circunstancias y experiencias personales, o que, por provenir del extranjero, tengan especiales dificultades de inserción social y familiar, debidamente acreditadas por los servicios sociales competentes.

Pero, por otro lado, se amplían los supuestos existentes hasta ahora que dan lugar a la suspensión en los casos de acogimiento. Si hasta ahora únicamente se tenían en cuenta los acogimientos de menores en los casos de acogimientos familiares, en las modalidades de preadoptivos y permanentes, en la nueva regulación se amplían a los preadoptivos provisionales y, además, a los simples, siempre que, en este caso, tengan una duración mínima de un año.

En estos casos, la suspensión tendrá una duración de dieciséis semanas ininterrumpidas, ampliable en el supuesto de adopción o acogimiento múltiple en dos semanas por cada menor a partir del segundo.

Dicha suspensión producirá sus efectos a elección del trabajador, bien a partir de la resolución judicial por la que se constituye la adopción, bien a partir de la decisión administrativa o judicial de acogimiento, provisional o definitiva, sin que en ningún caso un mismo menor pueda dar derecho a varios periodos de suspensión.

Como novedad, desde el 1 de enero de 2021, las 16 semanas se concederán a cada uno de los adoptantes o acogedores, siendo obligatorio el disfrute de las seis primeras semanas inmediatamente después de la resolución judicial de adopción o de la resolución administrativa de acogimiento, y las 10 restantes, bien de forma continuada tras las seis primeras, bien de forma interrumpida dentro de los doce meses siguientes.

En los supuestos de adopción internacional, cuando sea necesario el desplazamiento previo de los progenitores al país de origen del adoptado, el periodo de suspensión previsto para cada caso podrá iniciarse hasta cuatro semanas antes de la resolución por la que se constituye la adopción.

La comunicación de estos permisos debe ser comunicada a la empresa con 15 días de antelación.

A cierre de esta edición, el Gobierno ha comunicado la intención de tramitar el Proyecto de Ley de Familias que incorporará novedades significativas en las prestaciones de maternidad y paternidad, como son la extensión de 16 a 20 semanas los permisos de paternidad y maternidad, así como que la mitad del permiso parental de 8 semanas por hijo menor de 8 años sea retribuida. Hasta ahora esas 8 semanas podían ser disfrutadas por el trabajador de forma no retribuida.

Esta medida tiene prevista su aplicación a partir del 1 de agosto de 2024 en línea con los compromisos adquiridos por Europa.

3.2.4. Riesgo durante el embarazo y la lactancia

Nos encontramos aquí con una situación de la mujer que necesita ser protegida y, de tal forma, lo hace el ordenamiento jurídico, no solo en el TRLET, sino también en la LPRL (Ley de Prevención de Riesgos Laborales).

También hay que destacar aquí la **Ley 39/1999, de 5 de noviembre,** para **Promover la Conciliación de la Vida Familiar y Laboral de las Personas Trabajadoras**, que introdujo una importante novedad al modificar el artículo 26 de la LPRL, de protección de la maternidad. En el punto 3º del citado artículo 26, se ofrece una solución cuando el cambio de puesto de trabajo no resultara técnica u objetivamente posible, o no pueda razonablemente exigirse por motivos justificados.

La solución consiste en declarar a la trabajadora afectada la situación de suspensión del contrato de trabajo por riesgo durante el embarazo, o riesgo durante la lactancia natural de un menor de nueve meses, contemplada en el artículo 48.8 del Estatuto de los Trabajadores, durante el periodo necesario para la protección de su seguridad y salud, la del feto o la de su hijo, y mientras persista la imposibilidad de reincorporarse a su puesto anterior o a otro puesto compatible.

La Ley 11/2020 de 30 de diciembre de PGE (Presupuestos Generales del Estado), para 2021, establece, con carácter indefinido, que se producirá el 50 % de bonificación de la aportación empresarial en la cotización por contingencias comunes en los casos en que la trabajadora sea destinada a un puesto distinto, y adaptado en virtud de la prevención de riesgos en embarazo y lactancia.

3.2.5. Ejercicio de cargo público representativo

Nos encontramos en este caso con una situación de incompatibilidad física, ya que un trabajador que es elegido para representar un cargo público no puede obviamente seguir desarrollando la prestación laboral.

Es este un derecho reconocido ya en el artículo 23 de la Constitución española, según el cual «los ciudadanos tienen derecho a acceder en condiciones de igualdad a las funciones y cargos públicos, con los requisitos que señalen las leyes».

Recordemos además que este es uno de los artículos comprendidos entre el 14 y el 29, los cuales recogen los derechos fundamentales y las libertades públicas.

Por lo tanto, esta situación está contemplada en el TRLET de la siguiente forma: el trabajador puede suspender el contrato de trabajo durante el tiempo que dure el cargo representativo y deberá reincorporarse al puesto de trabajo en el plazo máximo de treinta días desde la finalización de dicho cargo.

3.2.6. Privación de libertad del trabajador mientras no exista sentencia condenatoria

En este supuesto, el artículo 45.1.g) del TRLET establece que, si un trabajador es privado de su libertad, se producirá la suspensión del contrato de trabajo. Esto es así, ya que al estar privado de libertad obviamente el trabajador no podrá acudir a desempeñar su trabajo y, por tanto, su contrato y su relación laboral deberán verse suspendidos.

Observamos que se especifica «mientras no exista sentencia condenatoria», ya que, obviamente, en el momento que esta exista se producirá la extinción del contrato y ya no solo la suspensión del mismo.

Es lógico, por otra parte, que mientras no exista esa sentencia se produzca una «cautelar» suspensión, al amparo del artículo 24.2 de la Constitución que establece la presunción de inocencia.

3.2.7. Suspensión de empleo y sueldo por razones disciplinarias

El empresario, en virtud del poder de dirección que ostenta, puede sancionar con suspensión de empleo y sueldo al trabajador en caso de que este cometa una falta disciplinaria.

El TRLET se refiere a esta situación en el artículo 45. 1. h) y, por otra parte, no recoge expresamente las conductas que darán lugar a ese tipo de sanción, solo se limita a catalogarlas como de tres tipos:

- Leves.
- Graves.
- Muy graves.

Por tanto, tendrá que ser la normativa convencional, es decir, el convenio colectivo correspondiente, en el que establezca más matizaciones al respecto.

3.2.8. Fuerza mayor temporal

Nos referimos aquí al supuesto en el que no se puede desempeñar la prestación laboral por causas de fuerza mayor, tales como un incendio, inundación, imposibilidad de continuar con la cadena de fabricación por falta de un componente necesario en caso de huelga de transporte, etc. La casuística es múltiple.

Para las suspensiones temporales de contrato por fuerza mayor es necesario que la autoridad laboral dé su autorización y, para ello, se escuchará, es decir, se dará audiencia a los representantes de los trabajadores. Una vez realizado este procedimiento, la autoridad laboral dispondrá de un plazo de cinco días para comunicar si concede o no dicho permiso.

La situación laboral de los trabajadores que están sujetos a una suspensión temporal por causa de fuerza mayor es la de desempleo durante todo el periodo en el cual por dicha causa dichos trabajadores no se encuentren trabajando. A esos efectos, los trabajadores afectados tendrán derecho a cobrar durante ese periodo el subsidio de desempleo.

3.2.9. Causas económicas, técnicas, organizativas o de producción

Nos encontramos ante un caso en el que suceden, o han sucedido, ciertas situaciones, como descenso de ventas o una nueva estructuración de la empresa, que dan lugar a un empeoramiento de la situación económica de la empresa.

Se entiende que concurren estas causas cuando, con la adopción de la suspensión, se contribuya a superar la situación económica de la empresa, a garantizar su viabilidad futura y el empleo en la misma a través de una adecuada organización de sus recursos.

La **documentación justificativa** de la concurrencia de la causa alegada requerirá necesariamente la acreditación de que se trata de una situación coyuntural de la empresa.

En suspensión por causas económicas, técnicas, organizativas y de producción, se sigue el procedimiento de un expediente de regulación de empleo, excepto en lo referente a las indemnizaciones y a los plazos establecidos para el periodo de consultas que serán en todo caso de quince días naturales.

Vamos a analizar una situación de máxima actualidad, que supondría un híbrido entre las dos causas anteriormente analizadas: los famosos ERTES, que son expedientes de regulación temporal de empleo (en la palabra *temporal* radica la diferencia con respecto a los ERES), y hemos decidido analizarlo inmediatamente después de estos dos subepígrafes, porque consideramos que el

ERTE constituye una suspensión de la relación laboral, en la que se mezclan factores de fuerza mayor, así como causas técnicas, económicas, etc.

La aparición de la pandemia COVID, en la que todavía nos encontramos inmersos, puso de máxima actualidad el término ERTE, ya que desde entonces viene aplicándose a múltiples sectores que se vieron obligados a paralizar su actividad, bien de forma continuada durante el confinamiento, bien de forma interrumpida en los siguientes periodos, en función de las distintas medidas sanitarias adoptadas por las distintas CC. AA.

El ERTE es una figura que ya existía en nuestra normativa, en el artículo 47 del TRET, pero que la actualidad le ha hecho adaptarse a la ya llamada «normativa COVID», así, el Real Decreto -Ley 8/20 y el Real Decreto -Ley 30/20 establecen que los ERTES COVID deben negociarse con los legítimos representantes de los trabajadores y, si estos no existiesen, con los sindicatos más representativos del sector.

Por otra parte, la Comisión negociadora debe constituirse en un plazo de 5 días, y el periodo de consultas no durará más de 7 días.

Podemos diferenciar dos tipos de ERTE COVID:

- El que se aplica por imposibilidad de desarrollar la actividad a consecuencia de medidas sanitarias españolas o europeas.

- El que establece no una paralización total, pero sí una limitación de la actividad, como consecuencia de la aplicación de una normativa sanitaria española, que da lugar, por ejemplo, a limitaciones de aforo, limitación de los horarios de apertura y cierre, etc.

Los ERTES exoneran a la empresa del pago de la cuotas a la Seguridad Social entre un 70 y un 100 % de las mismas, y, para mantener el beneficio de esta exoneración, debe respetar la llamada cláusula de salvaguarda durante seis meses (no despedir a los trabajadores), ya que, si lo hiciera, deberá devolver la cuantía de la exoneración.

En la actualidad, los ERTE están prorrogados hasta el 31 de mayo de 2021.

3.2.10. Excedencias

La excedencia supone una interrupción de la relación laboral que puede ser por propia decisión del trabajador, como la voluntaria, y la excedencia de cuidado de familia o forzosa.

En todo caso, constituye una suspensión de las obligaciones laborales por ambas partes durante ese tiempo. Inicialmente la excedencia era un derecho (solo los funcionarios la podían disfrutar), pero, más tarde, se ha ido incorporando a la empresa privada hasta pasar a formar parte de la normativa laboral, concretamente se encuentra regulada en el artículo 46 del TRLET. 124.

Existen diferentes tipos de excedencias, aunque a efectos prácticos puede distinguirse entre la excedencia voluntaria, la excedencia por cuidado de hijos y familiares, y la forzosa.

La primera, la voluntaria, suele utilizarse para tomarse un año sabático, emprender un nuevo proyecto profesional o por las más dispares razones personales, ya que la ley no exige ningún motivo concreto para la misma, es decir, el trabajador no tiene que alegar nada en la solicitud de la misma.

Se trata de la posibilidad de interrumpir de forma voluntaria el contrato de trabajo. Tiene que solicitarse por un periodo superior a cuatro meses e inferior a cinco años.

Solo podrá volver a ser ejercitado por ese trabajador, una vez que hayan transcurrido cuatro años desde el disfrute de la excedencia anterior.

Al finalizar la excedencia, el trabajador no tiene derecho a la reserva de su puesto de trabajo, sino que solo conserva el derecho preferente al reingreso en las vacantes de igual o similar categoría a la suya que hubiera en la empresa.

Otro tipo es la **excedencia por cuidado de hijos o familiares**.

Aquí el Real Decreto-ley 5/23, de 28 de junio, introduce novedades al respecto, y son:

- Se extienden los supuestos que permiten acogerse a la excedencia durante dos años, a la pareja de hecho y a sus familiares.

- Si la empresa deniega la excedencia por razones de funcionamiento, en caso de que dos o más trabajadores la hubiesen solicitado, está obligada a ofrecer un plan alternativo que permita a esos trabajadores disfrutar de otra forma de su derecho a conciliación.

Recordemos que el contenido principal de esta excedencia es el regulado en el artículo 46.3 del ET y que permite:

Excedencia de no más de tres años para cuidado de hijo tanto biológico como por adopción, o en casos de guarda con fines de adopción.

Excedencia de no más de dos años para atender al cónyuge o pareja de hecho y sus familiares hasta el segundo grado que, por razón de edad, accidente o enfermedad, no puedan valerse por sí mismos. En estos casos el trabajador tendrá derecho a reserva de puesto de trabajo solo durante el primer año, excepto en el caso de familia numerosa general que se ampliará a 15 meses y si es familia numerosa especial, a 18 meses.

Por último, vamos a hablar de la **excedencia forzosa,** que es aquella que el trabajador ejercita en el caso de tener que ocupar un cargo público de carácter representativo, como diputado, concejal, cargo sindical, etc.

La excedencia forzosa se encuentra regulada en el artículo 45 del TRET y da lugar a la conservación del puesto de trabajo y al cómputo de la antigüedad de su vigencia.

El trabajador debe solicitar el reingreso en el plazo de un mes desde que finalice el desempeño del cargo público.

3.2.11. Ejercicio del derecho de huelga o cierre legal de la empresa

El derecho a la huelga de los trabajadores está reconocido en la Constitución española como derecho fundamental, ya que está regulado en el artículo 28, es decir, dentro de los artículos comprendidos entre el 14 y el 29. Se trata, por tanto, de un derecho especialmente protegido, aunque también se debe proteger el mantenimiento de los servicios esenciales de la comunidad durante su ejercicio.

La regulación de este derecho viene dada en el Real Decreto-Ley 17/1977, de 4 de marzo de Relaciones de Trabajo, con los matices introducidos por la Sentencia del Tribunal Constitucional 11/1981, de 8 de abril. El derecho de huelga no puede ser objeto de renuncia ni de restricción en el contrato de trabajo, ya que tal pacto se considera nulo, de acuerdo con lo previsto en el art. 2 del Real Decreto-Ley citado.

Otro supuesto similar, aunque en este caso podríamos decir que es «la otra cara de la moneda», es el llamado cierre patronal, el cual se produce en el caso de que el empresario decida «suspender» la prestación laboral por causas legalmente establecidas. Obviamente, esta decisión no puede ser tomada de forma arbitraria, sino solamente en las siguientes circunstancias:

1. Que, efectivamente, exista de forma notoria un peligro de violencia para las personas o de causar graves daños a las cosas.

2. Que se haya producido o exista peligro cierto de que se produzca la ocupación ilegal del centro de trabajo o de cualquiera de sus dependencias.

3. Que el volumen de la inasistencia o irregularidades en el trabajo impidan gravemente el proceso normal de producción.

Vemos, pues, que se trata de las dos caras de una misma moneda, con un denominador común: en ambos casos se interrumpe la prestación laboral y, por tanto, en ambos casos la relación laboral y el contrato quedan en suspenso. Es otro caso más, el último ya de los analizados, de suspensión del contrato de trabajo. En ambos casos los trabajadores pasan a estar en una situación administrativa denominada «alta especial» a efectos de Seguridad Social.

Hay que destacar como novedad que a través de la Ley Orgánica 5/2021, de 22 de abril, la cual es una ley de un único punto, se anula el apartado 3 del artículo 315 del Código Penal, según el cual se penalizaba y sancionaba a quien se considerase que coaccionaba a trabajadores para iniciar o continuar una huelga.

Con la eliminación de este apartado del Código Penal, se despenaliza la acción de iniciar o secundar o continuar una huelga, lo cual amplia ese derecho de los trabajadores.

3.3. Extinción del contrato de trabajo

La extinción del contrato supone ni más ni menos que la finalización de las obligaciones que ambas partes tenían, es decir, el trabajador queda eximido de realizar la prestación laboral y el empresario de retribuir el salario correspondiente.

A diferencia de lo que sucedía con la suspensión, que suponía una interrupción con ánimo de volver a reanudarse, el caso de la extinción supone la finalización definitiva.

Puede suceder que alguna obligación continúe vigente, por ejemplo, si existía un pacto de no competencia durante los cinco años siguientes a la finalización del contrato.

La regulación de las causas de extinción se encuentra en el **artículo 49 del TRLET.**

3.3.1. Mutuo acuerdo entre las partes

En este caso, se produce una voluntad conjunta de las partes contratantes de dar por finalizada la relación laboral, lo cual no supone en principio ningún problema ni procedimiento especial, ya que generalmente el trabajador solicita la baja en la empresa y firma el finiquito, con lo que quedan extinguidas todas las obligaciones.

3.3.2. Causas consignadas válidamente en el contrato de trabajo

Es este otro supuesto de extinción que no suele plantear problemas. Se da en el caso de que existan en el contrato ciertas causas establecidas que den lugar a la extinción del mismo.

Se puede extinguir el contrato por las causas consignadas válidamente en el contrato, salvo que las mismas constituyan abuso de derecho manifiesto por parte del empresario.

Es decir, no se puede consignar como causa que dé lugar a la extinción algo que sea manifiestamente ilegal. Por ejemplo, imaginemos un contrato que contenga una cláusula que diga: «se podrá extinguir el contrato si el atuendo de la trabajadora no es del agrado del empresario...».

3.3.3. Expiración del tiempo convenido para la realización de una obra o servicio

Una de las causas por las que se puede extinguir el contrato es que se produzca la finalización de la causa que lo originó, por ejemplo, en este epígrafe que nos ocupa, si el contrato se había formalizado para desarrollar una obra o un servicio determinado, obviamente la finalización de esa obra o ese servicio dará lugar a la extinción del contrato.

Imaginemos una empresa dedicada a la obra privada y que consigue un contrato de adjudicación de obra pública para la construcción de un puente, pues en ese caso la empresa puede llevar a cabo contratos de obra o servicio determinados.

La duración del contrato será, lógicamente, la de la obra o servicio. Si el contrato fijara una duración o un término, estos deberán considerarse de carácter orientativo, ya que en algunas ocasiones es difícil prever la duración exacta cuando se trata de obras de gran envergadura, no pudiendo superar los tres años de duración, ampliable en doce meses más por convenio colectivo de ámbito sectorial estatal o, en su defecto, por convenios sectoriales de ámbito inferior. Transcurridos estos plazos, los trabajadores adquirirán la condición de trabajadores fijos de la empresa.

La normativa de este contrato se encuentra en el **artículo 49.1.c) del TRLET**.

3.3.4. Voluntad del trabajador: dimisión o resolución del contrato

El contrato de trabajo puede finalizar porque así lo decida el trabajador, a través de los siguientes procedimientos:

- Dimisión.
- Abandono.
- Causa justificada.

La **dimisión del trabajador** viene regulada en el **artículo 49 d) del TRLET**, y supone la voluntad del trabajador de dar por finalizada su relación laboral.

No indica el texto legal ningún requisito al respecto excepto la obligación de realizar preaviso, en el plazo que venga determinado en los convenios colectivos o en la costumbre del lugar.

Distinto es el caso de **abandono por parte del trabajador,** que supone simplemente dar por finalizada la relación laboral sin realizar ningún tipo de preaviso, lo cual podría tener consecuencias para él, ya que se podrían exigir daños y perjuicios en caso de que se hubiesen producido.

Por ejemplo, Luis y Esteban trabajan en la misma empresa; a Luis le ofrecen un puesto de trabajo mejor remunerado en otra empresa y decide aceptar, por lo que presenta la **dimisión** con un plazo de preaviso de 10 días (que es lo que marcaba su convenio colectivo), firma el finiquito y se traslada a la nueva empresa. Mientras tanto, Esteban ha decidido probar suerte, y tomarse un año sabático en Hawái, por lo que un lunes no se presenta en su puesto de trabajo y desde Hawái realiza una llamada comunicando que **abandona** la empresa.

Mayor regulación recibe el tercer caso de extinción que vamos a analizar: la **extinción por causas justificadas.** En este caso, el trabajador, al amparo de los artículos **33, 49 y 50 del TRLET,** solicita la extinción por incumplimiento empresarial.

Podríamos decir que es como un despido, pero «al revés», ya que es el trabajador quien «sanciona» al empresario con la extinción.

¿En qué supuestos puede el trabajador decidir tal procedimiento?

- Cuando se modifiquen sus condiciones de trabajo sin respetar lo establecido en el artículo 41 del TRLET (analizado en el 2.11).

- Cuando se produzca la falta o el retraso continuados del abono del salario.

- Cualquier otro incumplimiento grave por parte del empresario de sus obligaciones.

En estos casos, el trabajador solicita la extinción de la relación laboral en el juzgado de lo social, y la indemnización correspondiente ascenderá a 33 días por año de servicio con un tope de 24 mensualidades.

En lo referente a la tramitación de la demanda del trabajador por falta de pago del salario, se ha producido una novedad introducida por el Real Decreto-ley 6/2023, de 19 de diciembre, que modifica el artículo 103 de la Ley Reguladora de la Jurisdicción Social (LRJS) en virtud de la cual, cuando el trabajador en esa situación manifiesta que la empresa no le ha dado de baja por despido en la Tesorería General de la Seguridad Social, el procedimiento se declarará urgente y se le dará tramitación preferente, de manera que la vista deberá fijarse en el plazo de cinco días y la sentencia deberá también dictarse en el mismo plazo.

3.3.5. Situaciones que afectan al trabajador: muerte, incapacidad permanente y jubilación

El fallecimiento del trabajador produce lógicamente la extinción de la relación laboral. Los salarios que hubiese devengado el trabajador y que obviamente no ha percibido se han de abonar a sus herederos.

La declaración de incapacidad permanente del trabajador produce la extinción del contrato, ya que una incapacidad de este tipo supone la imposibilidad de realizar la prestación laboral.

Para ello debe existir reconocimiento firme administrativo o judicial en alguno de los siguientes grados:

- Gran invalidez.

- Absoluta.

- Total para la profesión habitual, ello sin perjuicio de la posibilidad de reserva del puesto de trabajo durante dos años si se prevé su mejoría.

Por último, vamos a hacer referencia a un caso que supone uno de los mayores derechos del trabajador, que es acceder a la situación de jubilación, así como a la pensión de jubilación correspondiente, de acuerdo con las normas correspondientes de cotización.

La jubilación del trabajador produce la extinción, de manera automática, del contrato de trabajo. El trabajador puede acceder a la jubilación de forma voluntaria, cuando reúne los requisitos para ello. No obstante, puede existir en el marco del convenio colectivo aplicable una cláusula de jubilación forzosa que permita al empresario extinguir gratuitamente la relación laboral de los trabajadores que alcancen la edad ordinaria de jubilación.

A partir del 1 de enero de 2013, la edad de acceso a la pensión de jubilación depende de la edad del interesado y de las cotizaciones acumuladas a lo largo de su vida laboral, requiriendo haber cumplido la edad de:

- 67 años.

- 65 años cuando se acrediten 38 años y 6 meses de cotización.

Este requisito será exigible, en todo caso, cuando se acceda a la pensión sin estar en alta o en situación asimilada a la de alta.

Los Presupuestos Generales del Estado aprobados establecen para 2021 una subida del 0,9 % para las pensiones contributivas, y del 1,8 % para las no contributivas, con el objetivo de garantizar el poder adquisitivo de los beneficiarios de estas prestaciones. Esta subida incluye también a los perceptores del Ingreso Mínimo Vital, que se actualiza un 1,8 %, al igual que el resto de las pensiones no contributivas.

3.3.6. Situaciones que afectan al empresario: muerte, incapacidad permanente y jubilación

En el caso de la **muerte, incapacidad o jubilación del empresario**, pueden darse tres supuestos, ya que puede tratarse de un empresario individual, de una sociedad o puede ser que lo que se produzca sea una sucesión de empresa.

- En caso de que se trate de una sociedad, no se puede despedir a los trabajadores contratados por esta si no es debido a la extinción de la personalidad jurídica de la empresa y, por tanto, mediante un despido objetivo, con la indemnización de 20 días por año trabajado.

- Si es un empresario individual, puede extinguir los contratos de trabajo de una forma más barata y sencilla que en el caso de sociedades mercantiles, ya que solo es necesaria la comunicación al trabajador de la situación y este tiene derecho a una indemnización de un mes de salario.

- Y, por último, en el caso de sucesión de empresa, hay que tener en cuenta que no se produce extinción, ya que el negocio continúa y, por tanto, el nuevo empresario queda subrogado en los derechos y obligaciones laborales y de Seguridad Social del anterior, incluyendo los compromisos de pensiones, en los términos previstos en su normativa específica, y, en general, cuantas obligaciones en materia de protección social.

Si la jubilación, muerte o incapacidad lo son del trabajador, el empresario estará obligado a abonar a sus parientes (cónyuge, descendientes, hermanos o padres) una indemnización equivalente a 15 días del salario, en caso de fallecimiento.

Por su parte, sus herederos tendrán derecho a percibir las cantidades que a la fecha del fallecimiento estuviesen pendientes de pago por el empresario.

Y si al trabajador se le declara en situación de incapacidad permanente total, la empresa podrá extinguir la relación laboral o situarle en un nuevo puesto de trabajo que se adecue a su grado de minusvalía.

3.3.7. Causas objetivas: ineptitud, falta de adaptación, amortización de puestos de trabajo, otros

Nos encontramos en este caso en un supuesto de extinción del contrato de trabajo por voluntad del empresario. Es, por tanto, una de las formas de despido, lo que se ha venido a llamar «despido objetivo», así denominado porque sus causas no suponen en ningún caso un comportamiento culpable del trabajador, sino a circunstancias que se producen de una forma objetiva.

El TRLET en sus **artículos 51, 52 y 53** regula la extinción del contrato de trabajo por «causas objetivas legalmente procedentes», que es lo que comúnmente a nivel coloquial se ha llamado «despido objetivo».

Pasamos a desarrollar en profundidad este tipo de despido.

CAUSAS

Las causas por las cuales se produce esta extinción del contrato de trabajo se encuentran reguladas en el artículo 52 del TRLET, y son las siguientes:

- Ineptitud del trabajador.

- Falta de adaptación del trabajador a las modificaciones técnicas en su puesto de trabajo.

- Causas económicas, técnicas, organizativas o de producción.

- Insuficiencia de consignación presupuestaria para la ejecución de planes y programas públicos.

Hasta 2019, existía una quinta causa, que era la que permitía el despido si se producían faltas de asistencia, aun justificadas, pero que, si sobrepasaban unos determinados periodos de tiempo, podrían dar lugar al despido.

Desde el 29 de febrero de 2020, queda derogado el apartado d) del artículo 52 del TRLET, lo cual viene a paliar la discriminación que suponía para algunos trabajadores en situación de vulnerabilidad.

Como podemos observar, en todas estas causas hay una característica común, y es que no existe un comportamiento culpable por parte del trabajador, las causas no le son imputables, a diferencia de lo que ocurre, como veremos más adelante, en el despido disciplinario.

Vamos a analizar más detenidamente cada una de las causas:

1. **Ineptitud del trabajador**

   Supone una ineptitud, una imposibilidad por parte del trabajador de desempeñar el puesto de trabajo, pero, ahora bien, esta ineptitud debe ser conocida o sobrevenida con posterioridad a su colocación en la empresa, es decir, si el empresario ya tenía conocimiento de esa ineptitud del trabajador, de esa imposibilidad para llevar a cabo su tarea, no puede invocarla como causa de despido.

Es importante destacar que esta causa no puede ser alegada cuando esa ineptitud sea consecuencia de una movilidad funcional, es decir, de que al trabajador se le hayan encomendado funciones distintas a las que venía realizando.

Pensemos, por ejemplo, en un trabajador que desempeña un puesto de trabajo en una empresa como comercial, con lo cual él necesita como instrumento diario laboral el vehículo y, un día, le es retirado el carné de conducir como consecuencia de una sanción administrativa, pues obviamente ese trabajador se ve inmerso en una ineptitud para desempeñar su puesto de trabajo, ineptitud que ha sido sobrevenida después de la celebración del contrato.

2. Falta de adaptación del trabajador a las modificaciones técnicas de su puesto de trabajo

En este caso, la imposibilidad de llevar a cabo el trabajo proviene de que el trabajador no ha podido adaptarse a los cambios introducidos, es decir, la causa tendría un componente más externo que en el supuesto anterior.

Es muy frecuente que las empresas introduzcan cambios, actualizaciones tecnológicas, etc., para continuar con su cometido profesional y, por tanto, los trabajadores deben adaptarse a ellas. Para ello, tienen obligación de proporcionar al trabajador un periodo de dos meses de adaptación en los que le ofrecerá un curso formativo, el cual se considerará tiempo de trabajo efectivo.

Al igual que en el supuesto anterior, no puede ser alegada esta causa cuando la falta de adaptación sea consecuencia de un proceso de movilidad funcional.

Un ejemplo de esta falta de adaptación sería el caso de un trabajador en cuya empresa se implanta un nuevo proceso informático que sustituye el papel y transforma todo el proceso productivo. En este caso al trabajador se le ofrecería un curso de dos meses de duración para formarse, pero si en ese periodo el trabajador no consiguiese aprender el nuevo sistema informático, el empresario podría alegar esta como causa de despido al amparo del **artículo 52.b) del TRLET**.

3. Causas económicas, técnicas, organizativas o de producción

Cuando en una empresa se producen causas económicas, organizativas etc., que suponen una disminución de la actividad empresarial, una bajada de beneficios o incluso pérdidas económicas, la empresa puede llevar a cabo extinciones de contratos, tanto de manera individual como colectiva. Así, a este tipo de despido amparado en esta causa se le ha venido a llamar coloquialmente «despido colectivo menor», ya que la diferencia estriba en el número de trabajadores afectados, así cuando afecte a:

- 10 trabajadores en empresas de menos de 100 trabajadores.
- 10 % de trabajadores en empresas de más de 100 y menos de 300.
- 30 trabajadores en empresas de más de 300.

Cuando se produzcan estas causas y la empresa decida proceder a la extinción, los representantes de los trabajadores tendrán prioridad de permanencia.

4. **Por último, la causa de insuficiencia de consignación presupuestaria para la ejecución de planes y programas públicos**

Esta causa solo procede en determinados contratos, como son los celebrados por tiempo indefinido por entidades sin ánimo de lucro para llevar a cabo algún proyecto o plan de carácter público, y que no cuentan con una partida presupuestaria definida, sino que dependen de ingresos extrapresupuestarios u otro tipo de aportaciones, por la razón que sea, no se producen y, por tanto, impiden que el proyecto o plan sea llevado a cabo con la consiguiente extinción de los contratos de trabajo que estaban vinculados al mismo.

Finalizamos la exposición de las causas recordando su característica común, que es el comportamiento no culpable ni intencionado del trabajador, y pasamos a analizar los requisitos de forma y procedimiento para llevar a cabo este despido.

3.3.8. Formas y efectos de la extinción por causas objetivas

Para proceder a cualquier tipo de despido, el empresario debe seguir unos trámites de procedimiento que, como veremos, varían en función del tipo de despido de que se trate, aunque tienen muchos elementos en común.

En este caso, el despido objetivo, el empresario debe comunicar por escrito (ya que cualquier despido realizado de forma verbal es nulo) la decisión de extinguir el contrato. Esta «carta» de despido tiene que contener las causas por las cuales se produce y la fecha, lo que se llamará «fecha de efectos», ya que es la que será utilizada para el cómputo de los plazos, como veremos.

El despido no se produce inmediatamente, sino a los quince días de la fecha de entrega de la carta y, durante los mismos, el trabajador permanecerá en su puesto de trabajo y dispondrá de seis horas a la semana con carácter retribuido, que podrá utilizar para buscar un nuevo trabajo. Por ejemplo, podrá ausentarse para acudir a entrevistas de trabajo, podrá visitar páginas web, podrá redactar currículos, etc., todo ello con permiso empresarial y de forma retribuida (también cabe la posibilidad de que el empresario decida no utilizar esos quince días, en cuyo caso se abonarán como si efectivamente se hubiesen trabajado).

Otro requisito de este tipo de despido es que al trabajador, junto con la notificación, se le entrega una indemnización de 20 días de salario por cada año trabajado con un tope de doce mensualidades, sin necesidad de que el trabajador realice ningún tipo de trámite ni reclamación.

Esta es una forma procedimental mucho más «protectora» con el trabajador que otras formas que analizaremos a continuación, derivada una vez más de la ausencia de culpa por parte del trabajador. El legislador quiere «compensar» así al trabajador el hecho de que el despido no se produce por causas imputables a él.

Pues bien, una vez que se han llevado a cabo estos trámites iniciales que, repetimos, difieren de los de otros tipos de despidos, los trámites que siguen sí se asemejan más a las otras modalidades existentes.

Vamos a pasar a analizar qué opciones tiene el trabajador una vez producido este despido:

En primer lugar, **puede aceptarlo sin más**, mostrando su conformidad hacia el mismo, con lo cual aquí finalizaría el proceso y el trabajador vería extinguido su contrato con la percepción de la indemnización mencionada.

Pero tiene también la opción **de no estar conforme** con la decisión e impugnar la misma.

Para ello acudirá al juzgado de lo social correspondiente en el plazo de 20 días hábiles (no se tienen en cuenta sábados, domingos ni festivos), pero antes obligatoriamente debe acudir a un acto de conciliación ante la Unidad de Mediación, Arbitraje y Conciliación (UMAC), u organismo autónomo equivalente, donde intentará llegar a un acuerdo con el empresario, es decir, la ley obliga al trabajador a que intente «conciliarse», llegar a un acuerdo por vía extrajudicial.

Lógicamente, durante el tiempo que dure esta conciliación, el plazo de 20 días de que dispone el trabajador para acudir al juzgado quedará interrumpido.

En esta conciliación pueden suceder dos cosas:

- Que se llegue a un acuerdo, bien de readmisión, o bien de indemnización, y ahí terminaría el procedimiento.

- Que no se alcance un acuerdo, en cuyo caso, el trabajador, si sigue estando disconforme con la decisión empresarial, acudirá al juzgado de lo social.

Una vez en el juzgado, se procederá al juicio, el juez recabará las pruebas pertinentes y dictará una sentencia que podrá indicar tres posibilidades:

- Calificar el despido como nulo, en el caso de que se haya producido discriminación, violación de derechos fundamentales, o cuando afecte a trabajadores en periodo de suspensión de contrato por maternidad, riesgo durante el embarazo, adopción, acogimiento, etc.

- Calificar el despido como procedente, si el juez considera que las causas están justificadas, en cuyo caso el despido se hace efectivo y el trabajador confirma la indemnización de veinte días recibida.

- Calificar el despido como improcedente, es decir, el juez aprecia que no había causa para despedir a ese trabajador y, por tanto, la sentencia ordenará, o bien que se le readmita, o bien que se le indemnice.

En el caso de despido improcedente, la opción de decidir entre readmisión o indemnización la toma el empresario, excepto en el caso de que el trabajador fuese representante de los trabajadores, en cuyo caso le correspondería a él decidir si prefiere que le readmitan o que se confirme el despido y le indemnicen.

3.3.9. Despido colectivo basado en causas económicas, técnicas, organizativas, de producción o fuerza mayor

Se encuentra regulado en el artículo **51 del TRLET**, aunque modificado por la Ley 2/2012, de 29 de junio, de Presupuestos Generales del Estado para el año 2012. La Ley 2/2012, Real Decreto 1484/2012, de 29 de octubre, sobre las aportaciones económicas a realizar por las empresas con beneficios que realicen despidos colectivos que afecten a trabajadores de cincuenta o más años y Real Decreto-ley 5/2013, de 15 de marzo, de medidas para favorecer la continuidad de la vida laboral de los trabajadores de mayor edad y promover el envejecimiento activo.

Es un despido que reúne dos características: por una parte, tiene que estar basado en causas inherentes a la empresa, las cuales se encuentran tipificadas, y son económicas, técnicas, organizativas y de producción, y, por otra parte, para que el despido pueda ser calificado así, tiene que afectar a un determinado número mínimo de trabajadores, por lo menos a:

- 10 en empresas de menos de 100.

- 10 % en empresas de más de 100 y menos de 300.

- 30 en empresas de más de 300.

Refiriéndonos a las causas, aunque parecen similares, podemos observar dos grupos: por una parte, estarían las económicas, que serían negativas para la empresa, aquí se engloban las pérdidas actuales o previstas, la disminución persistente del nivel de ingresos o ventas, teniendo en cuenta que el adjetivo *persistente* no está puesto de forma aleatoria, sino que tiene un significado, indica que las ventas o ingresos tienen que ser menores que las del ejercicio anterior durante tres trimestres consecutivos.

Y, por otra parte, están el resto de causas, organizativas, técnicas, etc., que no tienen por qué suponer una situación negativa para la empresa, simplemente indican que se han producido cambios en el tipo de producción, que determinado producto ya no se fabrica y, por tanto, se va a proceder a una reordenación de los recursos humanos, etc.

PROCEDIMIENTO

El procedimiento de despido colectivo lo inicia siempre el empresario, y lo inicia mediante la apertura de un periodo de consultas con los representantes de los trabajadores y, simultáneamente, la comunicación a la autoridad laboral competente.

Desde la reforma de 2012, se elimina la necesaria autorización de la autoridad laboral que antes existía para poder llevar a cabo el despido y, desde entonces, la decisión queda en manos de la empresa sin que sea necesario ese consentimiento.

A partir de entonces, son los tribunales quienes ejercen el control sobre si ese ajuste de plantilla fue o no justificado, es decir, si ese despido estuvo «bien hecho», si se adaptó a la legalidad, pero observemos que esta es una acción que se produce *a posteriori,* es decir, previa impugnación del despido. Es, por tanto, el trabajador el que debe decidir si impugna o no el despido, y, posteriormente, el tribunal se manifestará, pero el despido, en principio, ya se produce sin la autorización de la autoridad laboral.

Cuando el empresario se comunique con los representantes de los trabajadores, deberá enviar toda la documentación que justifique el despido colectivo, en la cual se deberá incluir, por ejemplo, si las causas alegadas son económicas, las cuentas anuales de los dos últimos ejercicios completos, cuenta de pérdidas y ganancias, etc.; si la causa alegada fuese técnica, los informes técnicos que la acrediten, etc.; también debe aparecer el número de trabajadores afectados, así como su clasificación profesional, etc.

Este periodo de consultas deberá tener una duración de no más de 30 días naturales o de 15 en caso de que sean empresas de menos de 50 trabajadores, aunque obviamente este periodo puede reducirse en caso de que los trabajadores lleguen a un acuerdo con el empresario que es el fin último de esta negociación, en la cual ambas partes (empresario y representantes de trabajadores) deberán negociar con buena fe.

La consulta con los representantes legales de los trabajadores deberá versar, como mínimo, sobre las posibilidades de evitar o reducir los despidos colectivos y de atenuar sus consecuencias mediante el recurso a medidas sociales de acompañamiento, tales como medidas de recolocación o acciones de formación o reciclaje profesional para la mejora de la empleabilidad. La consulta se llevará a cabo en una única comisión negociadora, si bien, de existir varios centros de trabajo, quedará circunscrita a los centros afectados por el procedimiento. La comisión negociadora estará integrada por un máximo de trece miembros en representación de cada una de las partes.

Este periodo de consultas puede arrojar dos resultados:

- Que se consiga un acuerdo.
- Que no se consiga, en cuyo caso el empresario tomará la decisión final sobre el despido y sus condiciones.

En ambos casos lo comunicará a los representantes de los trabajadores y a la autoridad laboral.

Si finalmente se produce el despido, el empresario se lo comunicará individualmente a los trabajadores, teniendo en cuenta que los representantes de los mismos tendrán prioridad de permanencia.

Esta prioridad de permanencia de los representantes en caso de despido, que ya habíamos visto anteriormente, se interpreta como una norma protectora ante dichos trabajadores, en aras de que su doble condición de trabajador y representante no les cause ningún perjuicio laboral.

La decisión del despido puede ser impugnada judicialmente, tanto por los representantes de los trabajadores, como por los trabajadores individualmente, incluso la autoridad laboral puede impugnar los acuerdos alcanzados si considera que se ha producido abuso, fraude, dolo o coacción.

El artículo 51.11 prevé que las empresas que realicen despidos colectivos, de acuerdo con lo establecido en este artículo, y que incluyan a trabajadores de cincuenta o más años de edad, deberán efectuar una aportación económica al Tesoro Público de acuerdo con lo establecido legalmente.

Aparece un nuevo tipo de ERTE, el llamado de limitación o impedimento, que ha sido muy utilizado en el periodo de la pandemia por COVID.

En el caso de los ERTE ETOP (por razones económicas, técnicas, organizativas o de producción), si la empresa tiene menos de 50 trabajadores, se reduce el periodo de consultas, de quince días a siete.

Si las empresas realizan acciones formativas con los trabajadores afectados por ambos tipos de ERTE, se establecen reducciones en la cotización a la Seguridad Social en las contingencias comunes, y en los conceptos de recaudación conjunta, en las siguientes cuantías:

90 % en los ERTE de fuerza mayor, limitación o impedimento.

20 % en los ERTE ETOP.

Se modifica el artículo 47 bis del ET para regular la creación del denominado "Mecanismo RED de Flexibilidad y Estabilización del Empleo".

Se crea una **nueva modalidad de ERTE** cuyo objetivo es permitir a las empresas la solicitud de medidas de reducción de jornada y suspensión de contratos en vez de tener que acudir a medidas más drásticas cuanto tengan problemas organizativos, productivos o económicos.

Dentro de esta nueva figura nos encontramos con dos modalidades:

Una que durará un año cuando se aprecie la existencia de una situación macroeconómica que aconseje la adopción de instrumentos de estabilización, y otra que durará también un año, pero con posibilidad de dos prórrogas de seis meses cada una, por lo tanto 24 meses en total, que se podrá llevar a cabo cuando se observen cambios en un determinado sector que aconsejen medidas de recualificación y transición empresarial.

Es importante destacar que este mecanismo no opera de forma automática a solicitud de las empresas, como sucede con la figura de los ERTE. Se activará por acuerdo expreso del Consejo de Ministros, previa información y consulta con las organizaciones sindicales y empresariales y, una vez que el mecanismo esté activado, las empresas pueden pedir su adhesión.

Las empresas que reciban autorización para la aplicación podrán acceder a beneficios en materia de cotización vinculados al mantenimiento del empleo y siempre que se desarrollen actividades formativas con el personal afectado.

Durante estos periodos las personas trabajadoras percibirán el 70 % de la base reguladora durante toda su duración

Por último, se produce la **derogación de la Disposición Adicional 16 del ET,** que permitía despidos objetivos dentro del sector público.

Esta disposición fue siempre muy polémica desde que se incluyó en el ET, ya que permitía la posibilidad de realizar despidos objetivos individuales y

ERE en el ámbito de los entes, organismos y entidades que forman parte del sector público de acuerdo con el art. 3.1 de la Ley de Contratos del Sector Público.

La derogación de esta disposición impedirá la utilización de esta figura en todo el sector público.

3.4. Indemnizaciones en función del tipo de extinción del contrato practicado. Despido disciplinario, forma y efectos

En el caso de despido por circunstancias objetivas, las situaciones a nivel de indemnización son las siguientes, como ya se han indicado anteriormente.

Una vez en el juzgado, se procederá al juicio, el juez recabará las pruebas pertinentes y dictará una sentencia que podrá indicar tres posibilidades:

- Calificar el despido como nulo, en el caso de que se haya producido discriminación, violación de derechos fundamentales, o cuando afecte a trabajadores en periodo de suspensión de contrato por maternidad, riesgo durante el embarazo, adopción, acogimiento, etc., en cuyo caso procede la readmisión inmediata del trabajador en el puesto que venía desempeñando con el abono de los salarios dejados de percibir durante este procedimiento (es lo que se conoce como salarios de tramitación).

- Calificar el despido como procedente, si el juez considera que las causas están justificadas, en cuyo caso el despido se hace efectivo y el trabajador confirma la indemnización de veinte días recibida.

- Calificar el despido como improcedente, es decir, el juez aprecia que no había causa para despedir a ese trabajador y, por tanto, la sentencia ordenará, o bien que se le readmita (devolviendo la indemnización inicial de 20 días), o bien que se le indemnice con 33 días de salario por año trabajado con un tope de 24 mensualidades (en el caso de que el contrato fuese posterior al 12 de febrero de 2012, fecha en la que entró en vigor la reforma laboral), o con 45 días de salario si el contrato fuese anterior a esa fecha. De cualquiera de estas indemnizaciones se deducirá la ya percibida de 20 días.

En el caso de despido improcedente, la opción de decidir entre readmisión o indemnización la toma el empresario, excepto en el caso de que el trabajador fuese representante de los trabajadores, en cuyo caso le correspondería a él decidir si prefiere que le readmitan o que se confirme el despido y le indemnicen.

En el caso de despido colectivo las indemnizaciones serán las siguientes:

Una vez producido el despido, la indemnización ascenderá a veinte días de salario por año trabajado, con un máximo de doce mensualidades (esta es una norma de mínimos, que siempre puede ser superada).

Este despido posee estas dos peculiaridades en el procedimiento:

- En caso de que los trabajadores tengan más de 50 años, el empresario deberá realizar una aportación económica al Tesoro Público.

- Por otra parte, cuando se trate de empresas pequeñas, de menos de 25 trabajadores, el FOGASA (Fondo de Garantía Salarial) le devolverá al empresario una parte de la indemnización que este haya tenido que hacer a los trabajadores (recordemos, 20 días).

Este epígrafe se ocupa en la segunda parte del **despido disciplinario**, el cual pasamos a desarrollar a continuación.

DESPIDO DISCIPLINARIO

Podríamos decir que es el «despido por excelencia», ya que es el único despido que se ajusta a un incumplimiento del trabajador, lo cual, como en cualquier contrato, el incumplimiento por una de las partes justifica su extinción.

En este caso, el disciplinario es el despido que se produce por una serie de causas que serán analizadas a continuación, pero en las que confluye un elemento común: un comportamiento grave y culpable del trabajador.

Observemos los adjetivos que lo definen, grave y culpable, es decir, cierta entidad o importancia es imputable al trabajador.

CAUSAS

Las causas se encuentran reguladas en el **artículo 54 del TRLET**.

1. Faltas repetidas e injustificadas de asistencia o puntualidad.
2. Indisciplina o desobediencia.
3. Ofensas verbales o físicas al empresario, a las personas que trabajan en la empresa o a los familiares que convivan con ellos.
4. Transgresión de la buena fe contractual y abuso de confianza.
5. Disminución continuada y voluntaria del rendimiento del trabajo.
6. Embriaguez habitual o toxicomanía que repercutan negativamente en el trabajo.
7. El acoso por razones raciales, étnicas, religiosas, por edad, discapacidad u orientación sexual al empresario o a las personas que trabajan en la empresa.

Vamos a analizar más exhaustivamente cada una de las causas:

1. **Faltas repetidas e injustificadas de asistencia o puntualidad**

   En el caso de las faltas de asistencia está bastante claro que incluye la no comparecencia al puesto de trabajo sin tener para ello ningún tipo de justificación, mientras que, en el caso de la puntualidad, ha sido la jurisprudencia (doctrina emitida por las sentencias del Tribunal Supremo), la que ha arrojado luz en repetidas ocasiones sobre qué se considera impuntualidad y, de esta manera, ha mencionado que es equiparable llegar tarde con marcharse antes, así como ausentarse durante la jornada.

   En todos los casos hemos de tener en cuenta que debe producirse repetición y ausencia de justificación.

   Por ejemplo, no podría alegarse esta causa por llegar tarde dos veces, o por faltar un día al puesto de trabajo.

2. **Indisciplina o desobediencia**

   Supone la no realización de las órdenes o las pautas que el empresario, en su poder del ejercicio de dirección, proyecta sobre el trabajador.

   ¿Significa esto que el trabajador debe obedecer a ciegas cualquier orden del empresario? La respuesta es no, si la orden conlleva riesgo, es vejatoria o constitutiva de abuso según se ha manifestado jurisprudencialmente. Ahora bien, en principio es una de las obligaciones del trabajador cumplir las órdenes necesarias para desempeñar su puesto de trabajo.

   Por otra parte, hay que mencionar que indisciplina y desobediencia no son totalmente idénticas. La indisciplina da un paso más, constituye desobediencia unida a rebeldía.

   Por ejemplo, si a un trabajador se le solicita hacer 100 fotocopias de cierto documento (suponiendo que entre dentro de sus funciones) y, sin más, decide no hacerlo, estaríamos ante un caso de desobediencia, pero si además en su negativa se muestra insolente con quien le haya dado la orden, eso ya constituiría una indisciplina.

3. **Ofensas verbales o físicas al empresario, a las personas que trabajan en la empresa o a los familiares que convivan con ellos**

   Son considerados como tales los comentarios ofensivos, y las agresiones, tanto al empresario como al resto de trabajadores incluidos los familiares de estos.

   Por ejemplo, insultar de forma vejatoria a la hermana de un trabajador podría ser considerado causa de despido.

4. **Transgresión de la buena fe contractual y abuso de confianza**

   La redacción de esta causa ha merecido múltiples críticas por ser considerada un «cajón de sastre» en el que en principio cabe incluir cualquier comportamiento, lo cual haría extensivo el despido a más causas de las que figuran en el artículo 54, así que vamos a intentar delimitar su verdadero alcance un poco más.

   La buena fe se le supone al trabajador y se entiende que la transgrede cuando, por ejemplo, no es diligente en el trabajo, actúa con deslealtad, etc.

   Por otra parte el abuso de confianza supone, como el propio nombre indica, «traicionar» una confianza que le había sido concedida al trabajador. Así, actúa con abuso de confianza quien teniendo las llaves de la empresa permite a personas ajenas a la misma entrar en ella fuera del horario laboral, por ejemplo.

5. **Disminución continuada y voluntaria del rendimiento del trabajo**

   En este caso, la propia redacción de la causa deja claros dos parámetros: esa disminución tiene que hacerse de forma continuada en el tiempo, y tiene que ser intencionada, voluntaria. No sirve aducir esta causa cuando el trabajador ha tenido que disminuir el rendimiento por causas no imputables a él, pensemos en un trabajador de una empresa de explotación agraria que ha sufrido una inundación que impide recoger la cosecha.

6. **Embriaguez habitual o toxicomanía que repercutan negativamente en el trabajo**

   Para que estas dos circunstancias den lugar a la extinción del contrato de trabajo debe suceder que sean habituales, si es algo esporádico no podrán ser alegadas, y que repercutan negativamente en el trabajo, con lo cual la norma da a entender que si no afecta al trabajo no podrían utilizarse como causas de despido.

7. **Y, por último, el acoso por razones raciales, étnicas, religiosas, por edad, discapacidad u orientación sexual al empresario o a las personas que trabajan en la empresa, así como el acoso sexual**

   Esta última causa fue añadida posteriormente y supone la protección a la no discriminación por ninguna de las razones enumeradas en el entorno laboral, y la protección también ante el acoso sexual.

   Recordamos lo ya dicho anteriormente, que todas estas causas tienen un denominador común, y es el comportamiento culpable del trabajador, lo cual diferencia este despido de los otros dos analizados, y hace que también su procedimiento se diferencie, como pasamos a ver a continuación.

TRÁMITES

Cuando se comete una de las faltas enumeradas anteriormente y el empresario decide iniciar el procedimiento de despido, debe hacerlo en el plazo de 60 días.

Deberá hacerlo por escrito, con una carta de despido en la que explique con todo detalle cuáles son los motivos del despido, en qué causa del artículo 54 se fundamenta y la fecha, que será considerada como «fecha de efectos». Por convenio colectivo, podrán establecerse otras exigencias formales para el despido.

Existe otra formalidad más en caso de que el trabajador «despedido» fuese representante de los trabajadores, en cuyo caso deberá realizarse un «expediente contradictorio», lo cual significa que hay que «oír» al trabajador y al resto de miembros del órgano al que perteneciese, por ejemplo, comité de empresa y, en caso de que el trabajador estuviese afiliado a un sindicato, también se debe dar audiencia a los delegados sindicales.

Una vez iniciado el despido, ¿qué opciones tiene el trabajador?

Puede, por una parte, **estar de acuerdo con el mismo,** es decir, considerarlo justo y no actuar, sino dar por terminada la relación laboral.

Pero puede **no estar de acuerdo con el mismo**, y acudir al juzgado de lo social, en el plazo de veinte días hábiles (no cuentan domingos ni festivos) para lo cual tiene necesariamente que pasar por el trámite de la «conciliación», es decir, debe acudir a la UMAC, o al órgano autonómico correspondiente, e intentar conciliarse de una u otra forma con el empresario (esto, lógicamente, interrumpe el plazo de los veinte días).

Si una vez intentada la conciliación no hubiese habido acuerdo, y el trabajador lo desea, puede acudir al juzgado, donde el juez analizará todas las pruebas que considere necesarias y, en función a las posibilidades enumeradas en el artículo 55 del TRLET, emitirá una sentencia en la que calificará el despido como:

A. **Nulo,** si se ha producido violación de derechos fundamentales, o si el trabajador en esos momentos disfrutaba de un permiso de maternidad, adopción, acogimiento, riesgo en el embarazo, etc., en cuyo caso solo procede la readmisión inmediata del trabajador.

B. **Procedente,** si el juez observa que la causa se ha producido, en cuyo caso se produce la extinción de la relación laboral y el juez puede imponer al trabajador el pago de las costas procesales, por ejemplo, si considera que ha habido mala fe.

C. **Improcedente**, cuando el juez no observa la causa alegada para despedir a ese trabajador y, por tanto, impone al empresario la obligación de readmitirle o de indemnizarle, en este caso con 33 días de salario por año trabajado con un tope de 24 mensualidades (en el caso de que el contrato fuese posterior al 12 de febrero de 2012, fecha en la que entró en vigor la reforma laboral) o con 45 días de salario si el contrato fuese anterior a esa fecha.

¿Quién decide si se readmite al trabajador o se le indemniza? En todos los casos el empresario, salvo en los supuestos en que el trabajador sea representante de los trabajadores, en cuyo caso será él quien tome dicha decisión.

La indemnización por despido **está cifrada actualmente** en 33 días por año trabajado, tanto en el despido disciplinario como en el objetivo, salvo en el caso del despido por causas objetivas, en el que se le entregarán al trabajador 20 días como indemnización inicial sin necesidad de pleitear. Solo si considera la impugnación podría conseguir los trece restantes.

Pues bien, **al cierre de esta edición es conveniente destacar** que es intención del Gobierno convocar a la mesa de Negociación y aumentar la indemnización a los 45 días existentes antes de la reforma laboral de 2012.

Por otra parte, desde fuentes gubernamentales, se está mencionando la creación del llamado *despido reparativo o restaurativo,* existente ya en otros países, que consistiría en que las indemnizaciones sean calculadas, no de una forma establecida, sino en función de la situación personal y profesional del trabajador, según el impacto que el despido haya causado en la vida de la persona afectada.

Esta iniciativa proviene de una demanda que el Sindicato UGT interpone ante el Comité Europeo de Derechos Sociales del Consejo de Europa, según la cual España incumple el artículo 24 de la Carta Social Europea y el Convenio 158 de la OIT, según los cuales la indemnización debe ser proporcional a los perjuicios sufridos.

3.5. Actuaciones ante la jurisdicción social en los distintos supuestos de sanción, modificación y extinción del contrato

Aunque ya han sido vistas a lo largo de este epígrafe cuáles son las actuaciones en caso de suspensión y extinción del contrato ante la jurisdicción de lo social, vamos a sintetizar dicho procedimiento a lo largo de este subepígrafe.

3.5.1. Acto de conciliación

Se trata de una posibilidad que la Administración laboral quiere brindar al trabajador y al empresario en caso de conflicto para que traten de solucionar sus diferencias sin necesidad de llegar a la vía judicial.

La autoridad laboral cita a las partes para una avenencia pudiendo haber:

- Acuerdo. Habrá de estarse a lo acordado (reincorporación al puesto de trabajo o indemnización, incluyendo los salarios de tramitación).

- Falta de acuerdo. El trabajador debe presentar demanda ante el juzgado de lo social en los días que falten para los veinte, una vez descontados los transcurridos desde el despido o la modificación hasta la presentación de la demanda de conciliación.

3.5.2. Demanda ante el juzgado de lo social

Una vez celebrado o intentado el acto de conciliación o mediación sin avenencia, deberá el trabajador presentar la correspondiente demanda ante el juzgado de lo social, aportando el justificante del resultado del acto de conciliación o mediación, de tenerlo; en otro caso, deberá aportarlo en el plazo de quince días, contados a partir del siguiente al de la notificación.

Puede efectuarla el trabajador solo o asesorado o representado por un abogado, procurador, graduado social o sindicato en su caso. Con carácter general, será juzgado competente el del lugar de prestación de los servicios o el del domicilio del demandado a elección del demandante.

Plazo

Veinte días hábiles desde el momento del despido (se suman para el cómputo los días que transcurren entre el día siguiente al despido y el de la presentación de demanda de conciliación, con los que transcurren entre el día siguiente a la celebración de la conciliación y el de la presentación de la demanda en el juzgado de lo social). Este plazo será de caducidad a todos los efectos.

Si se promoviese demanda por despido contra una persona a la que erróneamente se hubiere atribuido la cualidad de empresario, y se acreditase en el juicio que lo era un tercero, el trabajador podrá promover nueva demanda contra este, sin que comience el cómputo del plazo de caducidad hasta el momento en que conste quién sea el empresario.

Características de la demanda

La demanda se formulará por escrito y habrá de contener los siguientes extremos:

- Designación del órgano ante quien se presente, así como la expresión de la modalidad procesal a través de la cual entienda que deba enjuiciarse su pretensión.

- Datos del demandante, con expresión del número del documento nacional de identidad, y de aquellos otros interesados que deben ser llamados al proceso y sus domicilios, indicando el nombre y apellidos de las personas físicas y la denominación social de las personas jurídicas. Si la demanda se dirigiese contra un grupo carente de personalidad, habrá de hacerse constar el nombre y apellidos de quienes aparezcan como organizadores, directores o gestores de aquel, y sus domicilios.

- La enumeración clara y concreta de los hechos alegados por el empresario y de todos aquellos que, según la legislación sustantiva, resulten imprescindibles para resolver las cuestiones planteadas. En ningún caso podrán alegarse hechos distintos de los aducidos en conciliación o mediación, salvo que se hubieran producido con posterioridad a la sustanciación de aquella.

- Antigüedad, concretando los periodos en que hayan sido prestados los servicios; categoría profesional; salario, tiempo y forma de pago; lugar de trabajo; modalidad y duración del contrato; jornada; características particulares, si las hubiere, del trabajo que se realizaba antes de producirse el despido.

- Fecha de efectividad del despido y forma en que se produjo y hechos alegados por el empresario, acompañando la comunicación recibida, en su caso, o haciendo mención suficiente de su contenido.

- Si el trabajador ostenta o ha ostentado en el año anterior al despido la cualidad de representante legal o sindical de los trabajadores, así como cualquier otra circunstancia relevante para la declaración de nulidad o improcedencia o para la titularidad de la opción derivada, en su caso.

- Si el trabajador se encuentra afiliado a algún sindicato, en el supuesto de que alegue la improcedencia del despido por haberse realizado este sin la previa audiencia de los delegados sindicales, si los hubiera.

- Si el demandante litigase por sí mismo, designará un domicilio en la localidad donde resida el juzgado o tribunal, en el que se practicarán todas las diligencias que hayan de entenderse con él.

- Fecha y firma.

3.5.3. Sentencias

El juez de lo social, una vez celebrado el juicio, dictará sentencia en el plazo de cinco días, en la que calificará el despido como nulo, improcedente o procedente, notificándose a las partes dentro de los dos días siguientes.

Despido nulo

Se considerará despido nulo aquel en el que se haya producido alguna causa de discriminación prohibida en la Constitución o en la ley, o bien se produzca con violación de derechos fundamentales y libertades públicas del trabajador.

Como novedad hay que destacar que el Real Decreto-ley 5/2023 ha ampliado los supuestos en los que un despido será considerado nulo, modificando para ello el ET.

Así, se consideran despidos nulos los despidos de personas trabajadoras durante la suspensión de su contrato por:

- Nacimiento.
- Adopción.
- Guarda con fines de adopción.
- Acogimiento.
- Riesgo durante el embarazo.
- Riego durante la lactancia natural.
- Por disfrute del permiso parental.
- Por enfermedades causadas por embarazo, parto o lactancia natural.

De la misma forma se van a considerar nulos los despidos producidos tras la reincorporación del trabajador después del permiso por nacimiento, adopción, y guarda con fines de adopción o acogimiento, siempre y cuando no hayan trascurrido más de doce meses desde la reincorporación.

También se considerará nulo el despido a la persona trabajadora embrazada desde el principio del embarazo hasta el final.

Tampoco se podrá despedir a los trabajadores que hayan solicitado los permisos del artículo 37, que hayan solicitado la adaptación de jornada, así como la excedencia prevista en el artículo 46.3.

Por último, aparece también como causa de nulidad el despido producido a la trabajadora víctima de violencia de genero por el ejercicio de su derecho a la tutela judicial efectiva.

Obviamente, en todos los casos citados, esto no significa que el despido no pueda ser considerado procedente, si alguna otra causa pudiese probar la dicha procedencia por motivos no vinculados a las causas citadas.

Despido improcedente

Significa que el juez en su sentencia considera que no era procedente, es decir, que no se debía haber despedido a ese trabajador.

Consecuencias y efectos

- El empresario, en el plazo de cinco días desde la notificación de la sentencia, podrá elegir entre una de estas dos opciones:

  — La readmisión del trabajador con abono de los salarios de tramitación, que equivaldrán a una cantidad igual a la suma de los salarios dejados de percibir desde la fecha de despido hasta la notificación de la sentencia que declarase la improcedencia o hasta que hubiera encontrado otro empleo, si tal colocación fuera anterior a dicha sentencia y se probase por el empresario lo percibido, para su descuento de los salarios de tramitación.

  — Una indemnización de treinta y tres días de salario por año de servicio, prorrateándose por meses los periodos de tiempo inferiores a un año hasta un máximo de veinticuatro mensualidades.

- La opción por la indemnización determinará la extinción del contrato de trabajo que se entenderá producida en la fecha del cese efectivo en el trabajo.

- Cuando en el mencionado plazo de cinco días no se ejercite ninguna opción, se entiende que opta por la readmisión del trabajador.

- Si el trabajador despedido fuera un representante legal de los trabajadores o un delegado sindical, la opción de readmisión corresponderá siempre a este. Tanto si opta por la indemnización como si lo hace por la readmisión, tendrá derecho a los salarios de tramitación.

- Cuando el empresario haya optado por la readmisión, deberá comunicar por escrito al trabajador, dentro de los diez días siguientes a aquel en que se le notifique la sentencia, la fecha de su reincorporación al trabajo, para efectuarla en un plazo no inferior a los tres días siguientes al de la recepción del escrito. Asimismo, deberá instar el alta del trabajador en la Seguridad Social con efectos desde la fecha del despido cotizando por ese periodo, que se considerará de ocupación cotizada a todos los efectos.

- Cuando la sentencia que declare la improcedencia del despido se dicte transcurridos más de noventa días hábiles desde la fecha en que se presentó la demanda, el empresario podrá reclamar del Estado el abono de la percepción económica a que se refiere la letra b) anteriormente satisfecha al trabajador, correspondiente al tiempo que exceda de dichos noventa días hábiles.

Despido procedente

Significa, ni más ni menos, que sí era procedente, es decir, que realmente sí se podía despedir a ese trabajador.

Consecuencias

- Extinción de la relación laboral sin derecho a indemnización ni a salarios de tramitación.

- En caso de extinción del contrato por causas objetivas, el trabajador hace suya la indemnización de veinte días por año de servicio, con un máximo de doce mensualidades que la empresa le entregó en el momento del despido o que deberá exigir en el momento en que sea efectiva la decisión extintiva si el empresario, a consecuencia de su situación económica, no pudo ponerla a su disposición.

  Debemos mencionar que, en la normativa que regula los ERTES debidos a la situación COVID, la calificación del despido como procedente supone una excepción a la aplicación de la cláusula de salvaguarda de obligada observancia.

  Recordemos la situación: debido a la situación COVID, muchas empresas optaron por llevar a cabo un ERTE, finalizado el cual, comienza a contabilizarse un plazo de seis meses dentro del que no pueden producirse despidos, ya que, si se producen, el empresario debería devolver el dinero no pagado a la Seguridad Social durante el ERTE (cantidad conocida como *exoneración*).

  Esta situación, sin embargo, encuentra su excepción en el supuesto de que el despido realizado por el empresario sea calificado como disciplinario y procedente, es decir, que se haya producido un incumplimiento grave y por culpa del trabajador, y que en la impugnación de ese despido el juez haya calificado ese despido como procedente.

3.5.4. Recursos

El empresario o el trabajador podrán recurrir contra la sentencia ante la Sala de lo Social del Tribunal Superior de Justicia, en los cinco días siguientes a la notificación de la sentencia.

Si se recurre la sentencia que declara la improcedencia del despido, la opción ejercitada por el empresario tendrá los siguientes efectos:

- Si se hubiera optado por la readmisión, cualquiera que fuera el recurrente, esta se llevará a efecto de forma provisional en los términos establecidos por el artículo 297 de la Ley Reguladora de la Jurisdicción Social.

    — Cuando en los juicios donde se ejerciten acciones derivadas del despido o de decisión extintiva de las relaciones de trabajo la sentencia del juzgado o tribunal declare su nulidad o improcedencia y el empresario que hubiera optado por la readmisión interponga alguno de los recursos autorizados por la ley, este vendrá obligado, mientras dure la tramitación del recurso, a satisfacer al recurrido la misma retribución que viniere percibiendo con anterioridad a producirse aquellos hechos, debiendo este continuar prestando sus servicios, a menos que el empresario prefiera hacer el abono aludido sin compensación alguna.

    — La misma obligación tendrá el empresario si el recurso lo interpusiera el trabajador y la sentencia hubiera declarado la nulidad del despido basado en alguna de las causas de discriminación previstas en la Constitución y en la ley o la violación de derechos fundamentales y libertades públicas de los trabajadores o si hubiera optado por la readmisión.

- Cuando la opción del empresario hubiera sido por la indemnización, tanto en el supuesto de que el recurso fuera interpuesto por este, como por el trabajador, no procederá la readmisión mientras penda el recurso, si bien durante la tramitación del recurso el trabajador se considerará en situación legal de desempleo involuntario.

Si la sentencia que resuelva el recurso que hubiera interpuesto el trabajador elevase la cuantía de la indemnización, el empresario, dentro de los cinco días siguientes al de su notificación, podrá cambiar el sentido de su opción y, en tal supuesto, la readmisión retrotraerá sus efectos económicos a la fecha en que tuvo lugar la primera elección, deduciéndose de las cantidades que por tal concepto se abonen las que, en su caso, hubiera percibido el trabajador en concepto de prestación por desempleo. La citada cantidad, así como la correspondiente a la aportación empresarial a la Seguridad Social, por dicho trabajador, habrá de ser ingresada por el empresario en la entidad gestora.

A efectos del reconocimiento de un futuro derecho a la protección por desempleo, el periodo al que se refiere el párrafo anterior se considerará de ocupación cotizada.

Actividades

3.1. Se produce la extinción de la relación laboral sin derecho a indemnización ni salarios de tramitación, cuando el despido es calificado como:

a) Procedente.

b) Improcedente.

c) Nulo.

3.2. El plazo para presentar la demanda de despido ante el juzgado de lo social es de:

a) 20 días naturales.

b) 20 días hábiles.

c) 15 días hábiles.

3.3. La disminución continuada y voluntaria del rendimiento de trabajo es una causa de:

a) Despido objetivo.

b) Despido disciplinario.

c) Despido procedente.

3.4. Las causas de despido disciplinario se encuentran recogidas en:

a) El artículo 53 del TRLET.

b) El artículo 54 del TRLET.

c) El artículo 52 del TRLET.

3.5. Cuando el trabajador decide finalizar la relación laboral sin previo aviso estamos ante un:

a) Abandono.

b) Dimisión.

c) Despido objetivo.

3.6. Las conductas del trabajador que dan lugar a que se le pueda aplicar una suspensión del empleo y sueldo están clasificadas en:

a) Graves, leves y muy graves.

b) Graves, leves y muy leves.

c) Procedentes, improcedentes y nulas.

3.7. El plazo para incorporarse al puesto de trabajo tras una suspensión por ejercicio de cargo público representativo es de:

a) 15 días.

b) 25 días.

c) 30 días.

3.8. La suspensión de la relación laboral por maternidad tendrá una duración de:

a) 16 semanas alternas.

b) 16 semanas ininterrumpidas.

c) 18 semanas ininterrumpidas.

3.9. Para que una modificación de una condición de trabajo de carácter sustancial sea considerada individual tiene que afectar a:

a) Menos del 5 % en empresas de más de 50 trabajadores.

b) Menos del 10 % en empresas de más de 100 trabajadores y menos de 300.

c) Más del 10 % en empresas de más de 100 trabajadores.

3.10. ¿Cuál de estas condiciones se considera sustancial a la hora de ser modificada?

a) Horario.

b) Jornada.

c) Ambas.

4. Mantenimiento, control y actualización del fichero de personal

Contenido

Una de las prerrogativas del empresario según la ley es el poder de control y vigilancia de las actividades de los trabajadores, así como ejercer el poder disciplinario. Es por ello que una de las funciones del departamento de Recursos humanos es la de control del personal de la empresa, que abarca las siguientes tareas:

- En primer lugar, ejercer el control disciplinario en la empresa. El contrato de trabajo impone deberes a los trabajadores, de manera que esta tarea consistirá en analizar los comportamientos de los trabajadores en la empresa para determinar si se pueden apreciar faltas disciplinarias y aplicar, en consecuencia, la respectiva sanción.

- En segundo lugar, evaluar la consecución de objetivos por los trabajadores y su grado de competencia. El objeto de este análisis es conocer en qué medida se han cumplido los objetivos y, en caso de que existieran desviaciones en la consecución, conocer a qué son debidas y cómo paliarlas.

Desde el punto de vista del trabajador, estos aspectos están asociados a los incentivos que se conceden, como puede ser una retribución variable o un sistema de ascensos.

Para llevar a cabo las tareas citadas, la empresa utiliza una serie de documentos que le aportan la información referida, si bien hay que decir que, en la actualidad, estos procedimientos están informatizados y automatizados con las nuevas tecnologías.

Estas aplicaciones informáticas, a su vez, permiten analizar datos relativos al personal de manera eficaz y conservar datos en soporte seguro. Como ejemplo, una aplicación informática de este tipo permite cuantificar en el tiempo el absentismo laboral o el número de contratos que se hacen en un periodo de tiempo, etc.

Existe gran variedad de aplicaciones informáticas de gestión de recursos humanos en el mercado, en función del tamaño y tipo de empresa.

Las empresas llevan un control de personal mediante documentos o aplicaciones informáticas que contienen y permiten acceder a lo que se denomina fichero de personal, donde se contienen datos e información académica, personal, laboral, etc. de cada uno de los empleados que forma parte de la misma.

Es obvio que la empresa debe tener acceso a datos personales del trabajador que pertenecen a su intimidad y, como tales, se debe garantizar que permanezcan en ese ámbito, sobre todo, los datos personales considerados sensibles en relación con los derechos y las libertades fundamentales, como pueden ser el origen étnico, las condenas o las infracciones penales.

A este respecto, hay que decir que la empresa debe cumplir con el derecho a la protección de datos de carácter personal del trabajador, de acuerdo con la Ley Orgánica 3/2018, de 5 de diciembre, de Protección de Datos Personales y garantía de los derechos digitales, así como con el Reglamento General de Protección de Datos, que es una norma de aplicación directa en toda la Unión Europea, relativa a la protección de las personas físicas en lo que respecta al tratamiento de sus datos personales y a la circulación de estos.

La normativa de protección de datos establece unas obligaciones para las empresas que recogen los datos y un deber de información del tratamiento a estos:

1º. En la fase de selección:

El primer momento en que se puede producir la recogida de datos del trabajador es cuando este es todavía un simple candidato al puesto, pero incluso entonces se requiere ser cuidadoso y observar la LOPD Ley Orgánica 3/2018, de 5 de diciembre, de Protección de Datos Personales y garantía de los derechos digitales. Así, es importante que, cuando se produzca un anuncio o convocatoria pública, la empresa disponga de impresos o formularios normalizados para la comunicación del *curriculum vitae* del candidato y un procedimiento de formalización y entrega del mismo. Esto permite que no se recaben datos accesorios o que no son necesarios y sobre los que también se debe hacer un tratamiento conforme a la normativa vigente.

Si para la selección de personal se realiza algún tipo de anuncio o convocatoria pública, debería incluirse en ella la información sobre:

- La identidad del responsable del fichero.
- La finalidad del tratamiento y recogida de esos datos
- La posibilidad del candidato de ejercer los derechos de acceso, rectificación, cancelación y oposición (ARCO).

2º. En el momento de la contratación:

El contrato de trabajo es el medio adecuado para proporcionar al trabajador la información sobre el tratamiento que se realizará de sus datos.

3º. Durante la prestación de la relación laboral:

Se hace necesario informar al trabajador de todos aquellos cambios que se produzcan en la relación laboral.

Externalización de servicios por parte de la empresa:

Hoy en día, es muy frecuente que las empresas externalicen ciertos servicios como, por ejemplo, el encargo de la realización de las nóminas a una gestoría.

Estas empresas, se denominan en la Ley Orgánica 3/2018, de 5 de diciembre, de Protección de Datos Personales y garantía de los derechos digitales, *intermediarios* o *mediadores* que se encargan de recoger en nombre propio los datos de los afectados para su transmisión al responsable. El mediador o intermediario asumirá las responsabilidades que pudieran derivarse en el supuesto de comunicación al responsable de datos que no se correspondan con los facilitados por el afectado.

Para definir esta labor, el artículo 5 de esta ley establece que los responsables y encargados del tratamiento de datos, así como todas las personas que intervengan en cualquier fase de este, estarán sujetas al deber de confidencialidad. Esta obligación complementa los deberes de secreto profesional y termina estableciendo la obligación de estos responsables de seguir observando el deber de confidencialidad, aunque estos ya no tengan relación jurídica alguna con la empresa para la que se recogieron los datos.

4.1. La información al empleado. Obligaciones del trabajador en la comunicación de variaciones de datos. Normas internas de control de presencia

El Real Decreto Legislativo 2/2015, de 23 de octubre, por el que se aprueba el texto refundido de la Ley del Estatuto de los Trabajadores, atribuye facultades específicas al empresario para ejercer el control del desarrollo de la prestación laboral. Obviamente, para ello requerirá la obtención de datos personales del trabajador, por ejemplo, en caso de absentismo, incapacidad temporal, etc.

Estos controles deberán observar siempre la obligación de información al trabajador, tener en cuenta el principio de proporcionalidad y que el interés del empresario no sea otro que el de verificar el cumplimiento del trabajador de sus obligaciones laborales.

Según el artículo 4 de la Ley Orgánica 3/2018, de 5 de diciembre, de Protección de Datos Personales y garantía de los derechos digitales, los datos recogidos en cualquier fichero serán exactos y, si fuere necesario, actualizados.

En cualquier supuesto en el que una empresa solicite datos personales del trabajador, este debe dar su consentimiento, que es toda manifestación de voluntad libre, específica, informada e inequívoca por la que este acepta, ya sea mediante una declaración o una clara acción afirmativa, el tratamiento de los datos personales que le conciernen.

También será necesario informar al trabajador en todos aquellos casos en los que se produzcan cambios que afecten al tratamiento de los datos personales como la aparición de nuevas finalidades o de nuevos tratamientos.

No podrá supeditarse la ejecución del contrato a que el afectado consienta el tratamiento de los datos personales para finalidades que no guarden relación con el mantenimiento, desarrollo o control de la relación contractual.

En el caso de que los empleados recojan datos de otras personas, se les debe informar de las obligaciones que la ley establece para su tratamiento.

En cualquier caso, se informará expresamente a todos los trabajadores de las normas internas de uso de los bienes y recursos de la empresa y las relativas al uso de internet, dispositivos móviles y correo electrónico.

4.1.1. La información al empleado

En el apartado anterior hemos visto la información relativa al tratamiento de datos cedidos por el trabajador o el uso de datos de personas que tienen relación con la empresa; en este apartado veremos un concepto de información más amplio y conectado con los derechos y deberes en la prestación laboral.

El recorrido inverso de la información, es decir, de la empresa hacia el trabajador, viene recogido en el texto refundido del Estatuto de los Trabajadores, que atribuye al trabajador el derecho a la información, consulta y participación en la empresa como modo de gestionar juntamente con el empresario ciertos aspectos de la misma. Pero, previamente a esa fase, la empresa debe favorecer la integración y adaptación del empleado que se incorpora a ella. Así, el trabajador deberá ser informado de los procesos de trabajo que se desarrollan en la empresa y de lo que se espera de él. Muchas empresas llevan a cabo estas tareas mediante lo que se denomina un manual de acogida o de bienvenida, que es una herramienta de comunicación interna en el que se recoge toda la información que necesita el trabajador.

Estos manuales suelen contener:

1. Origen y evolución de la empresa. Organigrama y estructura de la empresa.

2. Objetivos y valores.

3. Los derechos y obligaciones del trabajador, como las vacaciones, días de permiso, flexibilidad en el horario, etc.

4. Puesto que va a ocupar el trabajador, tareas a realizar y objetivos generales que ha de conseguir.

La experiencia de los departamentos de recursos humanos de las empresas ha hecho ver que, aunque estos manuales son muy útiles para ambas partes, es necesario siempre que haya una comunicación y acercamiento personal al nuevo trabajador, con una persona que le explique las costumbres de los trabajadores, le muestre las instalaciones de la empresa y resuelva las dudas que le surjan acerca de la empresa, realice las presentaciones de las personas con las que va a tratar, etc., para que pueda sentirse integrado.

4.1.2. Obligaciones del trabajador en la comunicación de variaciones de datos

Las empresas necesitan tener actualizados constantemente ciertos datos relacionados con la prestación del trabajador y con situaciones personales de este que afectan legalmente a esta relación, pues posee derechos que pueden verse modificados por ellas, como la suspensión del contrato, por situaciones de maternidad, paternidad, enfermedad o absentismo. La mayoría de estas situaciones afectan bien a la retribución, o bien a la cotización a la Seguridad Social.

Así pues, estos datos tienen incidencia en la confección de documentos que tienen que presentarse a la Administración, por lo que el trabajador viene obligado a comunicarlos a su empresa.

Fundamentalmente, existen dos tipos de variaciones influyentes:

a) Las que afectan a la Seguridad Social: en este contexto, podemos definir las variaciones de datos como actos administrativos por los que se efectúan comunicaciones de modificación de datos identificativos, domiciliarios o laborales de los trabajadores afiliados al Sistema de Seguridad Social.

Estas las hemos explicado en el epígrafe 2.

b) Las variaciones que afectan a la Hacienda Pública:

Los trabajadores, que son considerados contribuyentes, pues se les deduce de su nómina mensual un porcentaje en concepto de pago a cuenta del Impuesto Sobre la Renta de las Personas Físicas, deberán comunicar al pagador, es decir, a la empresa por cuya cuenta trabajen, la situación personal y familiar para que se les efectúe la retención que establece la legislación vigente.

Si el trabajador no comunica al pagador, del que percibe rentas del trabajo, esas circunstancias personales y familiares, o su variación, el empresario aplicará un tipo de retención que no tenga en cuenta aquellas circunstancias, sin perjuicio de las responsabilidades en que el trabajador pueda incurrir cuando la falta de comunicación de dichas circunstancias haga que el empresario aplique un tipo inferior de retención al que le correspondería.

Si no hay variación de las circunstancias personales y familiares del contribuyente, no será preciso reiterar en cada ejercicio la comunicación de datos al pagador. Si existen variaciones en las circunstancias personales y familiares durante el año que supongan un menor tipo de retención, podrán ser comunicadas y surtirán efectos a partir de la fecha de la comunicación.

Para esta comunicación, el trabajador usará el modelo 145 proporcionado por la Agencia Tributaria. No requiere presentación ante la Administración Tributaria, no obstante, el pagador deberá conservar copia a disposición de la Administración Tributaria.

4.1.3. Normas internas de control de presencia

Sabemos que una de las obligaciones del trabajador, salvo que esté autorizado al teletrabajo, es realizar la prestación de servicios en las instalaciones de la empresa, por lo que esta tiene la facultad de controlar y vigilar su cumplimiento, mediante el control de la presencia en el horario laboral del trabajador, siempre que se respete la normativa vigente.

Muchas empresas disponen de un reglamento interno que debe ser cumplido por ambas partes.

Normalmente, el contenido de aquel se refiere a la jornada, tiempo de presencia y ausencia del puesto de trabajo, como pueden ser pausas, descansos semanales, vacaciones, ausencias injustificadas, etc.

Básicamente, se regula:

- Cómo se hará cómputo del tiempo de trabajo.
- Si existe flexibilidad horaria.
- Si existen sistemas de recuperación del tiempo de ausencia.
- Tipos de ausencia.
- Responsabilidades en el cumplimiento del tiempo de trabajo.
- Sistema de control de presencia.
- Sanciones disciplinarias por incumplimiento.
- Etc.

Los sistemas de control de presencia que se utilicen deben ser fiables, pues son una herramienta que permite a la empresa analizar el funcionamiento interno de la empresa y la eficiencia de cada uno de los empleados, así como establecer medidas que hagan disminuir el absentismo.

Es el propio texto refundido de la Ley del Estatuto de los Trabajadores, el que establece, en su artículo 20, la autorización al empresario de la actividad de los trabajadores y los límites de esta facultad:

> Artículo 20. Dirección y control de la actividad laboral.
>
> 3. El empresario podrá adoptar las medidas que estime más oportunas de vigilancia y control para verificar el cumplimiento por el trabajador de sus obligaciones y deberes laborales, guardando en su adopción y aplicación la consideración debida a su dignidad y teniendo en cuenta, en su caso, la capacidad real de los trabajadores con discapacidad.

En la función de vigilancia del empresario, hay que tener en cuenta las novedades introducidas por la Ley de Protección de Datos Personales y garantía de derechos digitales. Dado que las empresas suelen usar los sistemas de videovigilancia para los trabajadores, esta ley establece unas limitaciones, puesto que pueden afectar a los derechos a la intimidad y a la propia imagen de las personas.

Los sistemas de videovigilancia para control empresarial solo se adoptarán cuando exista una relación de proporcionalidad entre la finalidad perseguida y el modo en que se traten las imágenes y no exista una medida más adecuada.

La nueva ley también introduce expresamente la prohibición de instalar cámaras en zonas de ocio y descanso de los trabajadores. Por ejemplo, en comedores, salas de descanso, vestuarios y aseos.

El tratamiento de las imágenes obtenidas con esas cámaras solo podrá realizarse para el ejercicio de las funciones de control por parte del empresario, respetando los límites que la ley establece a ese control por parte del empresario. La primera limitación es la obligación de informar a los trabajadores de forma expresa de la instalación de cámaras de videovigilancia en el trabajo.

Por otra parte, el artículo 20 bis del texto refundido del Estatuto de los Trabajadores, cuando regula los derechos de los trabajadores a la intimidad en relación con el entorno digital y a la desconexión, establece otro límite para el uso de los sistemas de control y videovigilancia:

"Los trabajadores tienen derecho a la intimidad en el uso de los dispositivos digitales puestos a su disposición por el empleador, a la desconexión digital y a la intimidad frente al uso de dispositivos de videovigilancia y geolocalización en los términos establecidos en la legislación vigente en materia de protección de datos personales y garantía de los derechos digitales".

Estos sistemas de control de presencia facilitan pruebas para el empresario para realizar el despido disciplinario en caso de un trabajador absentista. Así, el artículo 54 del texto refundido del Estatuto de los Trabajadores establece que:

1. El contrato de trabajo podrá extinguirse por decisión del empresario, mediante despido basado en un incumplimiento grave y culpable del trabajador.

2. Se considerarán incumplimientos contractuales:

    a) Las faltas repetidas e injustificadas de asistencia o puntualidad al trabajo.

        [...]

        Las normas de control de presencia deben plasmarse por escrito para que puedan ser conocidas por los trabajadores.

4.2. El expediente del trabajador. Datos identificativos del empleado. Contratos y modificaciones. Documentación fiscal. *Curriculum vitae.* Historial formativo y titulaciones. Informes de evaluación del desempeño. Incidencias. Otras

Cuando la empresa comienza un proceso de selección de trabajadores, se generan una serie de documentos internos referentes a cada uno ellos, a los que se unirán los que reflejan situaciones relativas a la prestación de servicios de cada trabajador hasta que finaliza la relación laboral.

Toda esta documentación del trabajador se reúne en un expediente personal del mismo.

Muchos de estos documentos solo tienen relevancia a nivel interno de la empresa, por ejemplo, el *curriculum vitae* del trabajador, con lo que es aquella la que decide acerca de su conservación en el expediente individual. En cambio, otros documentos, como los recibos de salarios, contrato de trabajo, etc., son de obligada conservación por razones legales.

El titular tiene derecho a conocer su expediente, a acceder libremente al mismo, así como a pedir certificación de los datos que se contienen y copias cotejadas de los documentos que forman parte del mismo.

Podemos clasificar los documentos que forman parte del expediente individual del trabajador, según se refieran a:

1. Datos identificativos del empleado:

   a. Ficha con los datos del empleado:

      - Nombre completo.

      - Fecha de nacimiento.

      - NIF.

      - Datos de contacto.

      - Estado civil.

      - Número de afiliación a la Seguridad Social.

   b. Carta de solicitud de empleo.

   c. *Curriculum vitae*.

   d. Resultado pruebas de selección.

   e. Copia del contrato de trabajo.

   f. Resultado del reconocimiento médico.

   g. Puesto que ocupa y categoría profesional.

   h. Centro de trabajo.

   i. Horario.

2. Contratos y modificaciones:

   Cuando se realiza un contrato con un trabajador, la ley obliga a que se realicen tres copias del mismo. Una de ellas queda en poder de la empresa.

   En este apartado, también se incluirán las modificaciones que, por voluntad de las partes, se hagan en ese contrato, tales como el cambio de funciones por ascensos, la movilidad geográfica, el horario de trabajo, etc.

3. Documentación fiscal:

   La empresa debe elaborar y conservar los certificados de retenciones a cuenta del Impuesto Sobre la Renta de las Personas Físicas de cada trabajador.

4. *Curriculum Vitae*:

   Es un documento que realiza el trabajador cuando aspira a un puesto en una empresa y que resume sus méritos laborales, académicos y otras condiciones relativas al ámbito laboral. Debe estar actualizado.

5. Historial formativo y titulaciones:

    a. Copia del título/s académico/s.

    b. Copia de cursos de formación que haya realizado.

    c. Cursos de formación realizados en la empresa a los que haya asistido.

6. Informes de evaluación del desempeño en los siguientes aspectos:

    a. Higiene y seguridad en el trabajo.

    b. Cumplimiento de funciones.

    c. Iniciativa.

    d. Comportamiento individual y colectivo.

    e. Implementación de medidas de control y mejoramiento a los sistemas de trabajo en la empresa.

7. Incidencias:

    a. Partes de baja y alta médicos.

    b. Excedencias.

    c. Licencias y permisos.

    d. Absentismo.

    e. Sanciones disciplinarias.

    f. Movilidad funcional.

    g. Movilidad geográfica.

    h. Finiquito.

    i. Indemnizaciones.

    j. Carta de renuncia.

    k. Carta de despido.

8. Otras:

    a. Recibos de salarios.

    b. Documentación relativa a la Seguridad Social.

    c. Certificados de retenciones del IRPF.

Obviamente, el tratamiento de estos datos debe cumplir con lo establecido en la normativa vigente.

4.3. Las comunicaciones en la gestión administrativa del personal

Algunos de los documentos generados por la prestación de servicios del trabajador siguen un recorrido desde el área de Recursos Humanos, bien hacia otros departamentos o personas, o bien hacia fuera de la empresa, por ejemplo, a la Tesorería General de la Seguridad Social.

4.3.1. Con el interesado

Son muy variados los documentos que deben entregarse al trabajador por parte de la empresa:

- Los recibos de salarios, mensualmente.

- El certificado de retención de cantidades del salario como pago a cuenta del Impuesto Sobre la Renta de las Personas Físicas, anualmente.

- En caso de despido, la carta en la que se comunica formalmente.

- La copia del recibo de finiquito.

- Sanciones que se le impongan.

4.3.2. Con las áreas implicadas en la administración de recursos humanos

En las empresas que cuentan con un departamento de Recursos Humanos, las tareas tan variadas en la gestión de personal se asignan a diferentes áreas o secciones que realizan diferentes funciones:

1) De empleo: realizan la siguiente documentación:

   a) Planificación de la plantilla.

   b) Descripción del puesto de trabajo.

   c) Definición del perfil profesional de cada puesto.

   d) Documentos relacionados con la selección de candidatos.

2) De administración de personal:

   a) Diseño de carreras profesionales.

   b) Sistema de remuneración.

4.3.3. Con los representantes de los trabajadores

Estas comunicaciones las establece el artículo 64 del texto refundido del Estatuto de los Trabajadores, por lo que es obligatorio para la empresa llevarlas a cabo. Tienen relación con el derecho a la información y consultas de aquellos, y así se recoge en esta ley:

1. El comité de empresa tendrá derecho a ser informado y consultado por el empresario sobre aquellas cuestiones que puedan afectar a los trabajadores, así como sobre la situación de la empresa y la evolución del empleo en la misma, en los términos previstos en este artículo. [...]

    Se entiende por información la transmisión de datos por el empresario al comité de empresa, a fin de que este tenga conocimiento de una cuestión determinada y pueda proceder a su examen. Por consulta se entiende el intercambio de opiniones y la apertura de un diálogo entre el empresario y el comité de empresa sobre una cuestión determinada, incluyendo, en su caso, la emisión de informe previo por parte del mismo.

    En la definición o aplicación de los procedimientos de información y consulta, el empresario y el comité de empresa actuarán con espíritu de cooperación, en cumplimiento de sus derechos y obligaciones recíprocas, teniendo en cuenta tanto los intereses de la empresa como los de los trabajadores.

2. El comité de empresa tendrá derecho a ser informado trimestralmente:

    a) Sobre la evolución general del sector económico al que pertenece la empresa.

    b) Sobre la situación económica de la empresa y la evolución reciente y probable de sus actividades, incluidas las actuaciones medioambientales que tengan repercusión directa en el empleo, así como sobre la producción y ventas, incluido el programa de producción.

    c) Sobre las previsiones del empresario de celebración de nuevos contratos, con indicación del número de estos y de las modalidades y tipos que serán utilizados, incluidos los contratos a tiempo parcial, la realización de horas complementarias por los trabajadores contratados a tiempo parcial y de los supuestos de subcontratación.

    d) De las estadísticas sobre el índice de absentismo y las causas, los accidentes de trabajo y enfermedades profesionales y sus consecuencias, los índices de siniestralidad, los estudios periódicos o especiales del medio ambiente laboral y los mecanismos de prevención que se utilicen.

El comité de empresa también tendrá derecho a recibir información, al menos anualmente, relativa a la aplicación en la empresa del derecho de igualdad de trato y de oportunidades entre mujeres y hombres, y los datos sobre la proporción de mujeres y hombres en los diferentes niveles profesionales.

4.3.4. Con la Seguridad Social

En general, los documentos que debe enviar a la Seguridad Social la empresa, normalmente por vía telemática, son:

- La solicitud de inscripción del trabajador en el sistema de Seguridad Social, en el caso que sea la primera vez que presta servicios. (Modelo TA1).

- La solicitud de alta del trabajador en la Seguridad Social, previamente a comenzar a trabajar en la empresa (Modelo TA2/S).

- La solicitud de variación de datos (Modelo TA2/S).

- La solicitud de baja, cuando deja de estar en activo en la empresa (Modelo TA2/S).

- Partes de alta médica, baja médica y confirmación de la baja.

- Relación nominal de trabajadores (RNT).

- Generación automática del Recibo de Liquidación de Cotizaciones (RLC).

4.3.5. Con la jurisdicción social

En este apartado, obviamente, vamos a citar los documentos que se dirigen al Juzgado de lo Social, por existir un conflicto de intereses entre la empresa y el trabajador. Son documentos oficiales, normalmente demandas o expedientes que necesitan la aprobación de la autoridad judicial y que pueden surgir en torno a las siguientes cuestiones:

- Clasificación profesional.

- Proceso de conflictos colectivos.

- Extinción del contrato por causas objetivas y otras causas de extinción.

- Despidos colectivos.

- Despido disciplinario.

- Impugnación de convenios.

- Impugnación de los estatutos de los sindicatos.

- Movilidad geográfica y modificación sustancial de las condiciones de trabajo.

- Conflictos en los derechos de conciliación de la vida personal, familiar y laboral reconocidos legal o convencionalmente.
- Permisos de lactancia y reducción de la jornada por motivos familiares.
- Procedimiento sobre temas relacionados con la seguridad social.
- Vacaciones.
- Proceso de impugnación de sanciones.

4.3.6. Otras comunicaciones

Podemos incluir:

- Certificado de empresa.
- Avisos.
- Memorándums.
- Etc.

4.4. Procedimientos de seguridad y control de asistencia

El Real Decreto-Ley 8/2019, de 8 de marzo, de medidas urgentes de protección social y de lucha contra la precariedad laboral en la jornada de trabajo, modificó el artículo 34 del texto refundido del Estatuto de los Trabajadores, estableciendo con respecto al control de jornada y asistencia lo siguiente:

> "La empresa garantizará el registro diario de jornada, que deberá incluir el horario concreto de inicio y finalización de la jornada de trabajo de cada persona trabajadora, sin perjuicio de la flexibilidad horaria que se establece en este artículo. Mediante negociación colectiva o acuerdo de empresa o, en su defecto, decisión del empresario previa consulta con los representantes legales de los trabajadores en la empresa, se organizará y documentará este registro de jornada.

> La empresa conservará los registros a que se refiere este precepto durante cuatro años y permanecerán a disposición de las personas trabajadoras, de sus representantes legales y de la Inspección de Trabajo y Seguridad Social".

> El control de asistencia es útil para que el empresario verifique que el trabajador cumple con su obligación de asistencia, pero también garantiza el control para no superar la jornada máxima legal de los trabajadores por la autoridad laboral.

Actualmente, estos sistemas pueden utilizarse para el trabajo presencial o a distancia. Los más usados son los siguientes:

- Los denominados sistemas polivalentes: son los que pueden usarse tanto en el trabajo presencial como a distancia, ya que se pueden usar desde teléfonos móviles u ordenadores de forma manual por los trabajadores o pueden registrar datos de forma automática.

- Los sistemas *online* declarativos: son sistemas basados en *software* de presencia, por el que el empleado para registrar su entrada o salida del trabajo acceden a un entorno web en el que declaran la hora de entrada y la de salida.

- Los sistemas que solo sirven en el trabajo presencial. Son variados y se pueden distinguir entre tres tipos:

  — La clásica hoja de firmas, cuyos datos se volcarán en una hoja de cálculo.

  — De tarjeta: con banda magnética o de identificación por radiofrecuencia.

  — Sistemas biométricos:

    – Identificación por huellas dactilares.

    – Identificación por biometría vascular.

    – Identificación por biometría facial.

    – Identificación por escáner de iris u ojos: suele utilizarse para proteger recintos que requieren de un elevado índice de seguridad.

    – Biometría de perfil de mano: funciona por reconocimiento de la morfología de la mano.

4.4.1. Con el interesado

Los trabajadores deben conocer cómo se realizará en la empresa el control de asistencia y también el control de actividad realizada.

Los sistemas de control horario regulan las horas de entrada y salida de los empleados en la empresa. Estos sistemas controlan, por tanto, los descansos u otras interrupciones en la actividad de los empleados y, finalmente, los datos recogidos tendrán fines estadísticos.

El empleado debe ser informado de qué sistema usa la empresa para el registro y cómo solventar las incidencias que puedan ocurrir en el sistema.

4.4.2. Con las áreas implicadas en la administración y gestión de recursos humanos, en cumplimiento de la legalidad vigente

El Reglamento del Parlamento Europeo sobre la protección de datos personales impone unas obligaciones a los responsables del tratamiento de los mismos, que afectan a los proporcionados por los trabajadores, que son manejados habitualmente por el departamento de Recursos Humanos de la empresa.

El responsable del tratamiento debe adoptar políticas internas y aplicar medidas que cumplan en particular los principios de protección de datos desde el diseño y por defecto.

Estas medidas pueden consistir en:

- Reducir al máximo el tratamiento de datos personales.

- Poner un código identificativo en lugar del nombre y apellidos a los datos proporcionados.

- Dar transparencia a las funciones y el tratamiento de datos personales, permitiendo a los interesados supervisar el tratamiento de datos, y al responsable del tratamiento crear y mejorar elementos de seguridad.

- Utilizar aplicaciones que eviten la exposición de los datos personales de los trabajadores.

- Aplicar restricciones de acceso a esta información.

- Utilizar sistemas que impidan el acceso indebido a esos datos y detecte las brechas de seguridad.

Actividades

4.1. ¿Puede un empresario poner una cámara de videovigilancia en el centro de trabajo?

   a. Sí, está en su derecho.

   b. Nunca, pues afecta a la intimidad del trabajador.

   c. Sí, siempre que lo comunique a los trabajadores.

4.2. Si un trabajador tiene un hijo...

   a. No es necesario que lo comunique a la empresa.

   b. Puede hacerlo, pero no es obligatorio.

   c. Debe hacerlo, pues esta situación afecta a su tributación.

4.3. Los sistemas de control de presencia...

   a. Facilitan al empresario la prueba en caso de despido disciplinario.

   b. Son obligatorios en las empresas.

   c. Las dos respuestas son correctas.

4.4. El expediente individual del trabajador...

   a. Es obligatoria su existencia.

   b. Solo tiene relevancia a nivel interno en la empresa.

   c. Solo es obligatorio para los trabajadores con contrato indefinido.

4.5. El uso que haga la empresa de los datos contenidos en el expediente del trabajador...

   a. Es libre.

   b. Está limitado por la Ley de Protección de Datos Personales y garantía de los derechos digitales.

   c. Está limitado por el Estatuto de los Trabajadores.

4.6. La información sobre extinciones de contratos es una comunicación que se envía:

   a. Al interesado.

   b. A la jurisdicción social.

   c. A los representantes de los trabajadores.

4.7. Los datos que las empresas solicitan a los trabajadores...

   a. Deben ser estrictamente los necesarios para el fin que se recaban.

   b. Es necesario informar y tener el consentimiento de aquellos para obtenerlos.

   c. Las dos respuestas son correctas.

4.8. Los datos que un candidato a un puesto de trabajo proporciona a la empresa no pueden ser cedidos por esta a otra empresa por el:

   a. Principio de integridad y seguridad.

   b. Principio de limitación de la finalidad.

   c. Principio de licitud, lealtad y transparencia.

4.9. La relación nominal de trabajadores es una comunicación que la empresa hace a:

   a. Los trabajadores.

   b. Los representantes de los trabajadores.

   c. La Seguridad Social.

4.10. Cuando el trabajador deja de prestar servicio en la empresa...

   a. Su expediente puede tirarse directamente al contenedor de papel.

   b. Su expediente deberá continuar el plazo estrictamente necesario en la empresa, tras lo que deben ser borrados esos datos.

   c. Su expediente se entrega a los representantes de los trabajadores.